新农资
如何换道超车

刘祖轲 王清华 张 垒 ◎著
宁立新 刘 军 郭 双

企业管理出版社
ENTERPRISE MANAGEMENT PUBLISHING HOUSE

图书在版编目（CIP）数据

新农资如何换道超车/刘祖轲等著. —北京：企业管理出版社，2017.8
ISBN 978-7-5164-1535-1

Ⅰ.①新… Ⅱ.①刘… Ⅲ.①农业生产资料-农业企业管理-经验-中国 Ⅳ.①F324

中国版本图书馆 CIP 数据核字（2017）第 140555 号

书　　名：	新农资如何换道超车
作　　者：	刘祖轲　王清华　张　垒　宁立新　刘　军　郭　双
责任编辑：	张　平　程静涵
书　　号：	ISBN 978-7-5164-1535-1
出版发行：	企业管理出版社
地　　址：	北京市海淀区紫竹院南路17号　　邮编：100048
网　　址：	http://www.emph.cn
电　　话：	总编室（010）68701719　发行部（010）68701816
	编辑部（010）68701638
电子信箱：	qyglcbs@emph.cn
印　　刷：	北京旭丰源印刷技术有限公司
经　　销：	新华书店
规　　格：	170毫米×240毫米　16开本　17.5印张　212千字
版　　次：	2017年8月第1版　2017年8月第1次印刷
定　　价：	168.00元

版权所有　翻印必究·印装有误　负责调换

导读

什么是新农资？

传统农资是以厂家和渠道为主导，以增产为手段，以满足消费者温饱为主要目的；而新农资是以种植户为主导，农资的任务与使命发生根本转变，主要是三大任务与使命：一是提升消费者的幸福指数，二是降低种植户的痛苦指数，三是提升经销商的创富指数。

正是基于新竞争环境下对新农资的思考，作为在农资行业工作近20年的老兵，我与南方略专家团队王清华、张垒、刘军、宁立新、刘磊君、张瑞道、郭双、古梓良及杜庆老师一起撰写了本书，旨在通过鲁西化工、中盐安徽红四方、广西田园、祥云、华强、兴发、农一网等众多案例提出新农资赢在专注的命题：专注大单品、专注区域、专注作物、专注技术、专注服务及专注团队，对农资互联网也提出了众多独特观点。

本书的价值就在于与行业从业者一起思考，一起探索，对标学习，寻找差距，在市场竞争如此激烈与行业低迷的状况下找到业绩与利润双增长的有效途径与方法。

本书共四章，通过14个具体实战案例从理论到实战深入解码当今农资行业发展现状、市场竞争状况、困扰厂商问题，并给出了具体解决思路与方案。

第一章"农业产业化趋势来临"，非常前沿地指出农业新产业化的九大新趋势。只要路走对了，就不怕路远。如果路都走错了，走得越快，错得就越远。分析趋势，看清趋势，掌握趋势，知己知彼知未来，方可百战不殆。

第二章"农资行业的互联网之路"，通过田田圈与农一网两个行业典型代表与具有影响力的互联网电商案例，演绎了农资互联网究竟如何开展。

农一网2015年、2016年两年时间销售额为4亿元，共销售了3万吨农药，事实证明农资电商是可以成功的。田田圈通过农发贷、农泰金融等参与创新了农资营销新模式，使我们对农资的产品销售与经营产生了不一样的认识。

第三章"新农资行业营销策略"，特别指出了新农资与传统农资具有本质的区别。新农资时代消费者的需求主要是吃好，种植户的需求主要是增收，时代的需求主要是高（品）质时代。

要做好新农资，就要做好大单品策划，打造两支队伍（自身营销队伍和经销商队伍），做好"四会（新产品发布会、农民观摩会、老产品促销会、年底培训会）两田（试验田、示范田）一赛（作物大王比赛）"，打好"五大战役（冬储战役、根据地战役、大单品战役、推广服务战役及客户价值工程）"等。本章节通过鲁西化工等案例进行解码。

第四章"新农资行业经营突破之道"，抓住行业非常具体的典型痛点比如赊销，抓住行业市场非常低迷致销量严重下滑等现实问题给出了具体案例与实操方案。

湖北华强复合肥在2015年、2016年农民增产不增收和销售形势无比严峻的情况下，逆势强势增长：2014年销售27万吨、2015年销售45万吨、2016年销售55万吨；靠做零售商起家的绿业元不做赊销，成为行业的奇葩与另类。它们是如何做到的？我们都会在案例中一一道来。

新农资需要扛起历史所赋予的任务与使命

南方略营销管理咨询有限公司董事长 刘祖轲

国家及时出台农资零增长的政策,我们欣然看到行业上下立即响应。其实,在种植户极大增产而不增收的市场背景下,一味追求高产也早已不受市场待见。可以说,中国已经完全步入新农资时代。

新农资以种植户为主导,其任务与使命发生根本转变。

(1)提升消费者的幸福指数。一方面通过30多年的改革开放,中国人已经从要吃饱变成要吃好了。当下消费者重要的不是吃饱,而是更要吃好。所以,粮食与农产品不仅要高产,还要高品质。虽然国家很多粮仓都满了,但很多农产品价格很低也没人要,最后只好腐烂在地里。比如玉米价格低,说明严重供过于求,价格高不上去。但是,城市商超里高品质的农产品价格还是非常高,销售得还很好。如深圳的百果园全国1700个专卖店,且是高价位,说明高品质农产品市场需求巨大。

消费者关注健康了,关注粮食和农产品的品质了,消费者需要更幸福。

另一方面，对种植户而言，增产是手段，增收才是目的，特别是对基地、对农场、对合作社、对种植大户而言，更是以经济效益为目的，增产更要增收。

（2）降低种植户的痛苦指数。农民极大地增产了，但是，发现赚钱不是更多，而是更少，为什么？原来种药肥的价格居高不下，农资产品价格不断上涨，同时，劳动力的价格也是一路攀升，把利润吃掉了。增产并不增收，甚至不增反降。

中国粮价比国际市场高出30%～40%，甚至50%，就是中国种植成本高所引发的。土地是流转了，但是，规模效应似乎并没有很好体现，亏本的不少，而且大户风险更大。无论是50亩以下的散户，还是500亩以上的规模户，种植户经济效益似乎都处于不确定的风险中，这就是我们所服务的农民。

假如农民们都没钱，请问，厂家和渠道商们到哪里赚钱？——无钱可赚！所以，新农资很重要的使命是从赚农民钱转变为帮助农民赚钱！

（3）提升渠道商的创富指数。今天还没有哪一个厂家敢说甩开经销商自己就把农资产品销售得很好，可以说，绝大部分还是通过渠道商销售农资产品与服务。

即使农一网做线上电商销售，但也需要线下县级经销商工作站平台来做物流配送、服务及管理市场。另外，赊销是农资行业的一大顽疾。同时，随着各种费用的大幅度增加，渠道商似乎赚钱少了很多，也难了很多，也有不少渠道商"投降"转行的。

今天，众多农资厂家也在工业4.0、规模化、现代化、智能化，发展无比迅速。但是，我强烈呼吁厂家们，请不要忘了更多是靠"夫妻店"起家的经销商和零售商们。他们还战斗在田间地头，奋斗在与农民打交道的市场一线。我们的农技服务和试验示范更多还是靠他们在做，我们需要带上他们一起赚钱致富，提升经销商与零售商的赢利能力是厂家义不容辞的责任与义务。

刘祖轲
2017年2月23日于深圳

目录

第一章 农业产业化趋势来临

第一节 农业新产业化发展趋势分析 / 003
第二节 农业产业化的春天在哪里 / 009
第三节 如何抓住农化服务的大商机 / 014
第四节 农资行业迎来千载难逢的绝佳时机 / 022
【案例1】广西田园转型变革实践与深层思考 / 028
【案例2】红四方6年时间销售复合肥120万吨 / 049
【案例3】祥云健康肥在农资寒冬下如何重塑未来 / 059

第二章 农资行业的互联网之路

第一节 农资企业开展互联网电商的八大理由 / 079
第二节 农资厂家要快速进行互联网转型 / 088
【案例4】农一网的电商模式 / 090
【案例5】田田圈借力"互联网+"实施战略转型 / 095

第三章 新农资行业营销策略

第一节 新农资成功营销的五大关键利器 / 105

第二节　新农资厂商如何开展"据点营销模式" / 113

第三节　新农资渠道建设七大对策 / 118

【案例6】鲁西化工：2014鲁西助商惠农金秋大行动 / 125

【案例7】兴发集团：爆品黑魔粒上市策划 / 161

第四章　新农资行业经营突破之道

第一节　农资经销商如何全产业链经营 / 173

第二节　"农二代"农资经销商何去何从 / 177

第三节　如何面对化肥行业洗牌 / 182

第四节　种植户主导时代下的厂商经营之策 / 186

【案例8】广东肥企全面输给山东肥企的深层次原因 / 192

【案例9】华强复合肥为什么这么"黑" / 197

【案例10】华强复合肥的经销商策略 / 203

【案例11】向绿业元学习坚决不赊销 / 209

【案例12】圣迪乐村：一个鸡蛋年销售额9亿元 / 215

【案例13】泰昆健康鸡，新疆第一鸡 / 227

附录　中国农药行业整合与竞争态势分析

第一章 农业产业化趋势来临

第一节　农业新产业化发展趋势分析

一、农业新产业化发展的九大新趋势

时代在变、主题在变、用户在变、商业模式在变、农业新产业化在变，中国已经进入农业新产业化的新时代，已经开启农业新产业化的新浪潮。农业新产业化的发展趋势呈现出九大新趋势："**互联网＋**"、**规模化、集约化、信息化、服务化、科技化、金融化、专业化、一体化**。

趋势一，"互联网＋"。

"互联网＋农业""互联网＋农村""互联网＋农民""互联网＋大三农""互联网＋农业新产业化"。"互联网＋"成为中国农业新产业化变革时期最重要的主题和旋律，通过"互联网＋"的方式改造传统农资、农业、农村。有能力的要做"互联网＋"，没有能力的创造能力也要做，"互联网＋"就是未来农业新产业化的天。厂家互联网化、经销商互联网化、终端零售商互联网化、农民互联网化、服务互联网化，通过互联网技术和平台，不单单是产品的销售，更重要的是商业模式的重新打造、营销方式的重新改变、服务方式的重新提供、价值方式的重新分配。

趋势二，规模化。

新型城镇化和新农村的建设加快了土地流转的速度，有力地推动了农业规模化的发展速度，因为只有规模化的农业才有出路。中国千百年来的农业未得到根本性的改变，原因之一就是没有实现现代化的规模化农业发展，无法实现大规模生产，无法提高生产效率、降低生产成本。随着农业新产业化的推进，规模化的农业将会越来越多。

趋势三，集约化。

集约化是种植集约化、养殖集约化，过去分散的土地使用方式造成各家各户种植结构、养殖结构差异很大。随着规模化的推进，不论是地方政府还是种植企业、养殖企业，都加大了集约化的种植、养殖力度，越来越多的区域性经济结构将会出现，越来越多的经济作物区将会涌现。比如，在四川乐至打造的柠檬之都，中国10个柠檬有8个来自四川乐至；重庆江津打造的花椒之都，中国60%的花椒来自江津；重庆永川区政府要求各个乡镇打造自己的特色产业化农业。集约化的农业新产业化将会对农资市场产生重大影响，作物解决方案服务商将会不断涌现。集约化的农业新产业化发展模式有利于提高农业新产业化的生产效率，有利于提高农业新产业化的生产技术。

趋势四，信息化。

网络技术的发展将大大加强农业新产业化的信息沟通方式，对各个环节都会产生重大影响。其中，影响最大的是农户。农业的信息化将提升农户的种植技术、养殖技术，拓宽农户的销售渠道，提升产品的销售价值。不论是产品信息、技术信息、天气预报、行情预报还是销售价格，都可以让农民掌握外部市场行情，实现价值提升。

趋势五，服务化。

如果说"互联网+"是农业新产业化的天，那么服务化就是农业新产业化的地。没有线下服务的推动，"互联网+"就无法从根本上落地。服务就是生产力，服务就是价值力，服务就是竞争力。过去农资市场的农化服务主要是厂家做一点、经销商做一点、零售商做一点，服务非常分散，不专业、不系统，将服务当作销售产品的途径，没有实现服务的价值化。专业化的农化服务是提升农业新产业化的生产效率、生产质量、生产效果的重要途径。中国农民尽管养殖、种植了几千年，但目前的养殖水平、种植技术还是非常落后，甚至有相当一部分农民不会养殖、种植。

趋势六，科技化。

科技化是农业新产业化的重要趋势，依靠刀耕火种的方式永远无法实现农业产业化、农业现代化。改变种植、养殖方式，提升种植、养殖技术的重要手段就是加强农业科技化，特别是2015年以来，在农药市场表现得尤为突出：无人机喷施农药、机械化种植水稻、机械化收购等农机工具的运用，大大提升了农业新产业化的生产效率。科技化主要体现为对作物、动物的生命周期的管理、先进技术的掌握、先进工具的应用。

趋势七，金融化。

农业新产业化一直受资金所困、所限，传统农资市场不论是厂家还是经销商、用户，其资金规模、公司实力与其他行业相比都显得非常薄弱，越来越多的工商资本看到了这一巨大的市场空间和潜力，纷纷进入农资领域，成立农业新产业化资本，通过资本的力量实现农业新产业化的飞跃发展。金融化发展主要体现在两个方面：一方面，各路资本给予农业新产业化资金支持，以解决农业行业资金不足的问题；另一方面，提供农业新产业化企业及农户理财的平台，搭建金融双方流通的金融机构，实现淡季农户资金理财、旺季资金贷款支持。

趋势八，专业化。

专业化发展道路是任何一个行业强大的必经之路。农业新产业化经营要求提高劳动生产率、土地生产率、资源利用率和农产品商品率等，农业新产业化的专业化趋势要求各个进入农业新产业化的企业都必须提升其进入模块的专业化能力。专业化能力体现在多方面，如养殖的专业化、服务的专业户、销售的专业化，只有通过专业化的道路，才能实现农业新产业化做大做强的目标。

趋势九，一体化。

打通全产业链、打通全价值链，实现农资产品下乡、消费品下乡、农产品进城的闭环商业模式。农业新产业化大而全、农业产业一体化的实现，靠的不是自己，而是资源的整合、平台的整合、信息的整合，共生、共享、共繁、共荣。目前只有不到5%的企业能够做到全产业链打通，而95%的企业采取的策略是以产业价值链的某点为起点，逐步拓展、延展。

二、紧紧抓住数十万亿级的大市场

中国农业基础设施薄弱、经营方式落后、商贸流通方式初级、农化服务粗放、农业科技落后，中国传统农业存在的弊端日益突出。

产业链——厂商的问题与痛点：产能过剩、厂家多、产能大、产品同质化严重，造成资产闲置，产能不能释放；分销力弱，大量优质产品不能通过高效的分销送达农户手里；服务力弱，厂家专家资源严重不足，农化服务团队力量十分薄弱，种植户得不到高效、科学、及时的专业指导和培训；管理费用高，依赖传统的人员管理、拜访管理、现场管理等，增加了供应商的人力成本和管理费用，盈利能力普遍偏低；信息化程度低，缺乏来自市场一线的大数据，缺乏农户购买行为、种植结构、购买水平的研究与分析，众多产品不适销对路，既造成供应商的研发成本高，又造成库存产品高居不下。

需求链——经销商的问题与痛点：农资市场赊销严重。由于农业生产的季节性和周期性，农民通常习惯赊销，导致经销商回款难、坏账多。经销商很多精力不是放在市场上、服务上，而是放在催收货款上，担心钱收不回来。农资本是高利润行业，却因赊销占有资金或坏账损失，将利润牺牲在坏账上；农资市场产品同质化严重，缺乏高端前卫有竞争力的优势代理产品；价格战频发，市场混乱，采购成本和人力成本高，费用也大，盈利能力越来越差；资金短缺、融资困难、经营资金短缺、人工费用大，资源有限、实力有限，生意难以做大；人员匮乏，大多是夫妻店，人员招聘难、管理难、费用高。

需求链——农户的问题与痛点：购买成本高、风险高。农民缺乏专业知识，产品识别能力弱，通常是被动选择购买产品或购买假冒伪劣产品；化肥、农药、种子大多分散经营，不能实现一站式购买，种植成本高，贷款困难，获取信息的途径少，种植水平和能力落后，依靠经验种植。

传统农业是各做各的、各管各的，缺乏系统化、深度化、专业化、一体化的产业价值链，相互竞争，相互冲突。每一个问题就是一个机会，每一个痛点就是一笔财富。围绕问题与痛点，打造新型农业新产业化，构建新型专业化农化服务，将是农业新产业化的巨大市场机会。

中国农业新产业化是一个数十万亿级的大市场、大风口、大金矿，其增长的空间将超过中国任何一个产业，其增长的速度将快过中国任何一个市场，其增长的财富将产生中国的新富豪。2015年上市的农业新产业化饲料龙头企业温氏市值近2000亿元，市值超过了90%的上市公司，超过了万科、平安银行等在内的很多行业龙头企业，产生了几十个亿万富翁、上百个千万富豪。传统农资与农牧市场（农药、化肥、种子、农机、饲料）是万亿级市场，农村消费品是五万亿级市场，农产品是十万亿级市场，而中国农业新产业化是将农资市场、农村消费品市场、农产品市场打造成一个新型的闭环市场，而这一新市场将形成一个无比活跃的数十万亿级的大市场。

布局农业，要把握趋势、跟随国家产业政策、拥抱国家产业风口，掌握未来财富趋势。农业新产业化的九大趋势中，任何一个趋势都蕴藏了巨大的商机，都存在巨大的发展空间。抓住了趋势，就是抓住了财富，就是抓住了未来。

第二节　农业产业化的春天在哪里

一、中国最大的产业机会在农业

中国经济发展至今，取得的成就全球瞩目。解决好"工业转型升级""农业现代化"两大瓶颈是实现中国经济二次腾飞的核心。

从产业机会看：工业转型升级的竞争焦点在于核心技术、品牌力、核心人才和资本，新进入机会是很低的；而农业现代化的竞争在很多细分行业和领域还是一片蓝海，甚至还是一块处女地，如农化服务领域。

从宏观层面看：农业规模大、人口多、增长空间大，工商业已经出现瓶颈，能再次刺激GDP增长的机会点就在农业；美丽乡村、农村电商、土地流转、城乡统筹、农业支持保护补贴等一系列国家农业新政，说明国家正在前所未有地注重农业发展。

二、中国农业问题核心所在

改革开放以来，我国农业得到了巨大发展，农业产值、粮食产量均有大幅提升，并保持"十二连增"，我国以占世界9%的耕地养活了占世界21%的人口。但与发达国家农业现代化水平相比，我国农业现代化水平还存在较大差距，主要体现在两个方面：一是产值占比过高，中国农业产值9%的GDP占比与美国的1.3%、日本的1.7%相比，依然偏高；二是劳动效率过低，中国33.6%的从业人口比例与美国的1%、日本的6%相比，从业人口依然偏多。

制约我国农业发展的核心在于：**农村人口众多、能力素质差，种植分散、规模化程度弱，机械化程度低、技术含量低，难以实现农业产业化发展。其核心还是在于人，在于9亿农民：这9亿农民分散了土地，分散了作物的种植规模；这9亿农民种植技术落后，主要靠经验耕种，专业知识匮乏、种植能力不强、耕作意愿降低，浪费了土地资源。**绝大部分农民不知道：自己的一亩地究竟能产生多大价值，如何提高产量、如何提高品质、如何卖更多的钱。因此，国家大力支持专业化合作社、家庭农场、土地流转和大型专业种植基地的发展。

三、中国农业现代化已经刻不容缓

人口趋势，催生农业产业化：出生率降低，老龄化严重，中国劳动力优势和人口红利下降明显。

农村劳动力变化，催生农业产业化：现在从事农业的主要集中于50岁以上的农民，而年轻人选择务工或经商，务农意愿较低。这些老农人即将消失，传统农业后继无人。

耕地使用现状，催生农业产业化：农民耕种意愿降低，特别是南方，土地荒芜现象明显。而农资人都明白，耕地荒芜3~5年就会严重退化。

市场发展需求，催生农业产业化：科技化管理、安全、健康、绿色的农产品才是消费的核心需求，而这需要农业现代化才能实现。

经营主体转变，催生农业产业化：种植公司、合作社、种植基地、家庭农场需要更高的农资产品、服务、金融等产前、产中、产后的商业价值。他们的需求不再像散户以自给自足为目的，而是以经营为导向，效益最大化。

国家发展需求，催生农业产业化：9亿农民的生存和发展是中国经济的命脉。同时，工商业出现明显的瓶颈，转型升级需要一定时间，而中国经济重要的增长点之一正是基础大、空间大、发展落后的大农业。

国际竞争，催生农业产业化：自中国加入WTO以来，农产品进出口吞吐量越来越大。"十三五"明确提出农业国际合作，这需要高质量、低成本、标准化、规范化的农产品，这样才有国际竞争力，也需要中国农业实现产业化、现代化、科技化。

四、中国农业如何变

从国家众多的农业新政可以分析出中国农业未来的发展方向。首先看四大关键政策。

（1）现代土地产权制度：为土地改革带来重大意义，土地归属清晰、土地权责明确、土地保护严格、土地流转顺畅。

（2）现代土地交易市场体系：让农村土地交易、流转更加市场化，入市有保障、交易正规化、交易平台化、方式多元化。快速促进新型农业经营主体拿地，实现规模化经营。

（3）培育新型农业经营主体：明确提出对新型职业农民、种养大户、家庭农场、农业公司、合作社及龙头企业的培养和扶持，并鼓励跨行业资本进入。

（4）发展适度规模经营：发展举措主要有三权分置、稳定流转、联耕联种、代耕代种、土地租赁、股份合作等。

上述四大类政策从土地、人、模式上系统地建立了中国农业产业现代化的重要基础——规模化经营。

调整农业结构：基于环境承载力，让耕地可持续经营；基于市场竞争力，跳出"什么行情好，大家都种什么，大家都亏"的怪圈；基于种植结构，优化各类农产品的供给保障，减少供大于求农产品的种植面积；基于产品价值链，鼓励农户打通种养价值链，赚取更多利润；基于农户收入来源，鼓励多元化经营（如林下经济），增加收入来源。

促进一、二、三产业融合：从产业链、价值链角度，融合多种方式增加农民收入，丰富农业业态，如农业＋旅游休闲、农业＋教育文化、农业＋健康养生等。同时，发展农产品加工业和农业生产性服务业。

建立农业服务体系：培育壮大经营性服务组织，支持科研机构、行业协会、龙头企业和具有资质的经营性服务组织从事农业公益性服务。

通过上述政策可以看出：**国家正在前所未有地重视农业产业化发展。农业规模化经营、现代化经营是核心发展方向。传统农业就农业而农业，孤立发展；现在要有基于"大农业"的发展思路。**

农业"规模"化：培育、扶持规模型新型农业经营主体，实现农业规模化经营。

农业"工业"化：经营公司化、管理信息化、生产工业化、加工工厂化。

农业"商业"化：农产品销售、农业文化教育、农业观光休闲、农业健康养生。

农业"服务"化：资金服务、信息服务、劳务服务、技术服务、经营管理服务等。

最终让中国农业实现由传统农业向现代农业的转变，如图1-1所示。

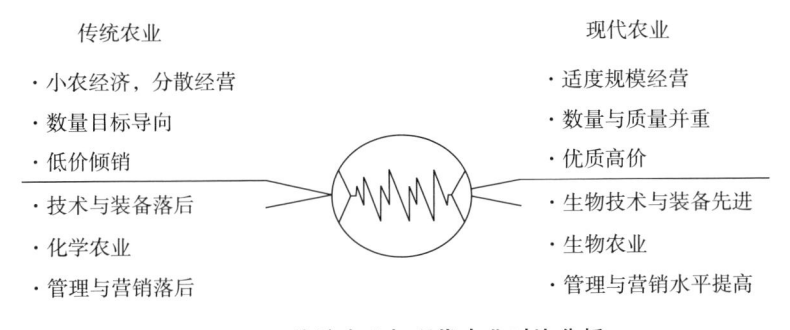

传统农业
- 小农经济，分散经营
- 数量目标导向
- 低价倾销
- 技术与装备落后
- 化学农业
- 管理与营销落后

现代农业
- 适度规模经营
- 数量与质量并重
- 优质高价
- 生物技术与装备先进
- 生物农业
- 管理与营销水平提高

图1-1 传统农业与现代农业对比分析

第三节　如何抓住农化服务的大商机

一、农化服务趋势势不可挡

不得不说农业是一个巨大的领域，产业结构大、产业链条长，涉及的细分行业众多，如图1-2所示。

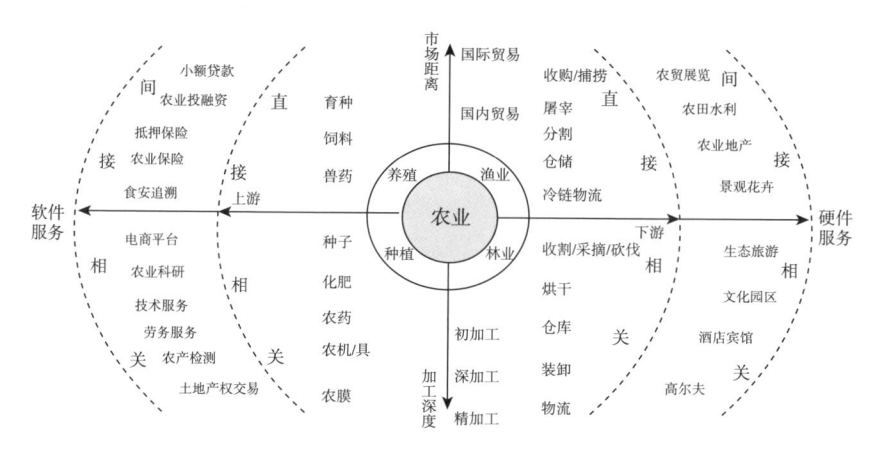

图1-2　农业产业结构图

通过农业变革的"四化"，笔者认为农业产业化、现代化将催生六大机会领域，如图1-3所示。

六大机会领域中，农业服务几乎是一个全新的领域。农业服务是传统农化服务的广义版，涉及的服务内容更专业、细分领域更多。传统农化服务主要指：**农业生产过程中的服务**。现代农化

现代农业	生产资料	农产品加工	家贸物流	农业服务	农业建设
定义：指应用现代科学技术、现代工业提供的生产资料和科学管理方法的社会化农业。如现代化种植、集约化养殖、花卉苗木、生态旅游、文化体验园、娱乐等	定义：农业生产过程中所需要的资料。如种子、农药、化肥、苗木、农机及零配件、饲料、疫苗等	定义：是以人工生产的农业和野生动植物资源为原料的和进行工业生产活动。如屠宰、生鲜、熟食、肉制品、饮料等	定义：是指农产品的交易中转、社区农贸市场、物流、展览及外贸出口等商业活动。如农贸市场、生活广场、农产品超市、展览会、仓储、冷链物流、外贸等	定义：指为农业产业链全过程提供生产支持的商业活动。如良种、农资、农技、培训、流通信息、保险、投融资、小额贷款、担保、电商平台、食安追溯、检测等	定义：指用现代物质条件装备农业，改善农业基础设施条件，包括农田水利、农业地产、生态农庄建设等。如农业地产、建设、景观绿化、农田水利改造等

图 1-3 中国农业六大机会领域

服务（农业服务）主要指：**农业产前、产中、产后的一切帮助农民减少劳务、增加收益的服务**。现代农化服务体系包括：

（1）**金融服务**：农业融资、农业投资、融资担保、农民理财等。

（2）**技术服务**：除草技术、杀菌技术、增产技术、土壤治理、农产品质量、污染治理、农药残留控制、营养物质含量等解决方案。

（3）**农资服务**：农药、化肥、种子、农膜、农机等。

（4）**劳务服务**：除草、杀菌、增产、土壤治理、农产品质量、污染治理、农药残留控制等劳务外包。

（5）**科技服务**：远程监控系统、综合管理系统、数据收集分析系统、自动化浇水设备、农产品可追溯系统等。

（6）**检测认证服务**：绿色认证、有机认证、农药残留检测、营养检测、矿物质检测等。

（7）**其他服务**：行情信息、天气信息、买卖信息、土地流转、农业咨询、人才培训、经营规划等。

农业产业化、现代化赋予了农化服务更多的服务内容，服务于整个产业链；规模经营主体以经营为导向，以效益最大化为目的，农业规模化经营赋予了农化服务更多的市场需求。**笔者认为农化服务主要有三大核心价值：增产、提质、高效。让用户更轻松、让用户赚更多钱是其存在的价值**。随着中国农业产业化进程加快，**农化服务孕育着巨大的投资价值空间，价值市场在规模户、基地、高价值作物身上**。

农化服务的崛起核心源于两个方面：**一是现代农业发展的需求**：需要更好的生产技术、农资产品，现代化的农业管理技术。**二是规模经营主体技术需求**：现有农业经营主体是散户，散户其实对农化服务需求并不明显，甚至都不知道农化服务；而未来经营主体是规模户及适度规模户，规模户技术需求非常明显，他们不再一味地追求低价、促销、包装等产品基础层面的东西，而是注重效果、质量、投入产出和利润贡献，更愿意有价值地投入。中国农化服务行业必将崛起。

二、我国农化服务现状

我国农化服务水平落后，发展缓慢。农化服务主要由三方提供。

（1）农资厂家提供农化服务。

农资厂家以卖产品、品牌推广为主要服务目的。为推广自己产品甚至出现误导、误教、夸大其词、虚构理念等不道德的行为，专业性差、全面性差、商业化目的明确。

（2）渠道商提供农化服务。

以渠道商个人经验为主，以推产品为目的，能力参差不齐。专业性、技术能力、服务团队、知识全面性较弱，服务能力有限。

（3）农技站提供农化服务。

农技站推广人员少、推广面大、专业能力普遍较弱、管理制度不完整、经费严重不足，许多地区农技推广组织名存实亡，个别地区甚至已经不存在。同时，部分地区还同渠道商、厂家形成利益体，以农技站名义推广低质农资产品，分享暴利。

目前没有专业的、全面性的农化服务组织，这是一个空白市场、蓝海市场。

三、农化服务将迎来广阔的发展前景

农业经营主体将由现在的散户转变为适度规模户、家庭农场和规模户，如表1-1所示。

表1-1 未来农业产业经营主体

未来农业产业经营主体		
类型	现在份额	未来份额
散户	大	小
适度规模户	较小	较大
规模户	小	一般
种植公司	小	较小

散户种植面积小、技术弱、种植分散，以自给自足为目的，而规模户以经营效益为目的。南方略在对农户做市场调研时发现，散户对技术的认识停留在经验层面。从某种角度上讲，他们对农化服务的需求是不明显的、滞后的。这是我国农化服务发展缓慢的重要原因之一。

同时，南方略通过对散户和规模户的调研，对比分析后发现，规模户的技术需求非常明显，他们不再一味地追求低价、促销、包装等产品基础层面的东西，而是注重效果、质量、投入产出和利润贡献，更愿意有价值地投入；而未来的农业经营主体是规模户，农化服务将迎来广阔的市场空间。如表1-2所示。

表1-2 散户和规模户需求分析

差异点	散户	规模户/适度规模户
种植技术	落后	较强
技术需求	不明显	非常明显
价格敏感度	高	较高
促销喜好	高	较高
服务需求	低	高
资金需求	小	大
质量需求	一般	高
品牌忠诚	低	高
品牌抉择顺序	价格、质量、包装、效果	价格、质量、效果、数据对比

四、农化服务发展趋势

（1）精细化趋势。

服务内容更加细化，服务型企业快速增加。质量标准、融资担保、农民理财、信息中介、农产品认证、金融、物流等，细化到产前、产中、产后的各个环节。

（2）专业化趋势。

市场竞争必然促使"大而全"的服务公司向"专而精"转变。专业化的除草解决方案公司、专业化的作物增产解决方案公司、专业化的病疫防控解决方案公司、专业化的生姜种植全程服务公司等，要么精技术领域，要么精作物领域。

（3）劳务化趋势。

以"产品+技术方案"为服务重点向"劳务外包+指标托管"转变，作物增产外包、作物除草杀虫外包、作物播种收割外包等。

（4）科技化趋势。

科技化、自动化、智能化将渗透农业生产的各个环节，如物联网、远程监控、全程可追溯等科技化服务内容。

（5）创新化趋势。

随着农业服务市场的不断成熟，销售中介、管理培训、人才深造、成本控制、经营规划、种植咨询、品牌建设等高价值的服务内容也会参与进来，为农业企业家提供决策、管理和发展等方面的信息服务。

五、现代农化服务体系

（1）金融服务。

农业融资、农业投资、融资担保、农民理财等。

（2）技术服务。

除草技术、杀菌技术、增产技术、土壤治理、农产品质量、污染治理、农药残留控制等解决方案。

（3）农资服务。

农药、化肥、种子、农膜、农机等。

（4）劳务服务。

除草、杀菌、增产、土壤治理、农产品质量、污染治理、农药残留控制等劳务外包。

（5）科技服务。

远程监控系统、综合管理系统、数据收集分析系统、自动化浇水设备、农产品可追溯系统等。

（6）检测认证服务。

绿色认证、有机认证、农药残留检测、营养检测、矿物质检测等。

（7）其他服务。

行情信息、天气信息、买卖信息、土地流转、农业咨询、人才培训、经营规划等。

六、传统农资企业的农化服务商机

金融服务、科技服务和检测认证服务，对于传统农资企业而言：资金要求大、行业跨度大、门槛高，市场机会并不明显。传统农资企业的优势在于技术、产品、渠道和品牌。换言之，传统农化服务才是传统农资企业的优势所在。

未来的商业趋势，产品利润将越来越低，甚至趋于零，优质的农资产品只是厂家和用户发生关系的一个基本元素，是一张门票、一个通行证而已，而利润来源于服务、来源于其他形式的产品、来源于厂家搭建的生态平台产生的综合利润。未来针对规模户、种植公司的利润点是一系列解决方案（包括产品、技术），甚至是指标托管、劳务外包、生产外包，用户在为整套服务买单，而不是产品。

规模化农业经营主体更加注重农产品品牌建设、产量、品质和产品外观，同时也更容易受到环保、食品安全等政府相关机构的关注。这就是传统技术性农资企业的商机：

（1）除草服务：各类作物苗前、苗后除草技术解决方案、劳务、托管。

（2）杀菌服务：各类作物病菌治理与预防解决方案、劳务、托管。

（3）杀虫服务：各类作物害虫治理与预防解决方案、劳务、托管。

（4）增产服务：作物膨大、增粒剂、控旺、防倒伏等解决方案、劳务、托管。

（5）环保服务：土壤污染治理解决方案、劳务、托管。

（6）土壤服务：土壤改良、土壤杀菌及杀虫解决方案、劳务、托管。

（7）质量服务：各类农产品质量、色泽、甜度、香气、匀称度解决方案、劳务、托管。

（8）残留控制服务：各类农产品农药残留控制解决方案、劳务、托管。

（9）有机服务：各类作物有机、绿色种植技术解决方案、劳务、托管。

（10）含量服务：富硒、富锶、蛋白质、糖等指标提升与控制解决方案、劳务、托管。

上述十大农化服务领域是传统技术性农资企业可以形成技术优势、建立竞争壁垒的发力方向，技术才是服务竞争的核心。最后，值得一提的是，在此推崇的劳务和指标托管是基于技术需求的劳务，而不仅仅是收割、施肥、喷药等没有技术要求的劳务服务。这是现在部分农资企业正在犯的一个错误，将飞防、收割等劳务作为未来的服务竞争力来打造和推广，普通劳务服务门槛太低，不可能形成核心竞争力。

第四节　农资行业迎来千载难逢的绝佳时机

一、打破竞争格局，行业洗牌时代到来

2016年农资产品需求量下降，使行业中小厂、经销商、零售商都处于最脆弱的时期。

粮价下跌、农产品价格下跌，说明2016年农资行业真正迎来了低点，即需求量不增反而下降了。2016年一季度十家化肥上市公司的数据也很好地验证了这一现状：史丹利销量下滑13.67%、芭田下滑28.32%、六国化工下滑28.46%、云天化下滑52.06%等，行业老大金正大销量增长只有11.04%，新洋丰增长更是只有2.38%，几乎维持年初水平，无增长。也许大家认为销量不下滑就不错了，即使下滑也再正常不过了，但笔者恰恰不这样认为，反而认为中国农资行业处于打破竞争格局和迎来行业洗牌千载难逢的绝佳时机。需求量减少势必带来整个行业价格走低，使厂家、经销商、零售商利润减少。整个农资供应链生存与发展更加艰难了，中小厂家、经销商、零售商处于最脆弱的时刻。

目前，农资行业仍然处于"群殴"时代。在经济形势处于低谷与行业"遇冷"最严峻的时刻，这些行业领军企业都没有打破竞争格局，不能实现马太效应，不能置"小、微、差、假、新"

企业于"死地",不能快速洗牌。试想在一个一路高歌猛进、卖什么都赚钱的时期,又怎么能实现洗牌,实现行业集中,掌握定价权,引领行业?

二、透过啤酒行业看农资行业如何洗牌

我们来看看啤酒行业,啤酒是中国行业集中度很高的行业。中国本土有三大品牌,即雪花、青岛及燕京,差不多十年前就完成了行业集中与洗牌。啤酒行业与化肥行业太相似了,货物有物流半径,全国区域性品牌众多。"要当好一个县长,先办一个酒厂",说明中国酒厂之多,也说明酒厂对地方经济发展的重要性。不仅如此,区域性品牌长期在一个局部区域市场消费与宣传,培养了一批忠诚度很高的消费者,是典型的"地头蛇",在区域十分强势。比如,金威啤酒在深圳因为较一般啤酒更苦的口感培养了一批忠诚度非常高的消费者,用当下时髦的话说就是"铁粉"众多,市场占有率曾经在70%以上,但是,现在在深圳要喝上金威啤酒却十分困难。为什么?或者说三大品牌是如何完成对区域性强势品牌洗牌的?

啤酒行业洗牌第一枪是由雪花打响的,那就是对现饮渠道(餐馆、酒楼、夜场、大排档等)实现买断模式,即实现专场。这三大品牌把现饮渠道进行分级,不同现饮渠道用不等金额买断,实行排他性销售。消费者在餐馆、酒楼点完菜后,服务员问:"先生,喝什么酒?""喝金威。"当被告知本酒楼没有金威啤酒时,消费者对区域性品牌再忠诚也无济于事了,因为在本酒店有钱也买不到了,只好买专卖啤酒。雪花、青岛及燕京三大品牌就是这样采用终端买断模式把消费者与其忠诚的区域性品牌切断

了，或者说区域性强势品牌因为终端被大品牌买断使自身处于无处可卖的尴尬境地。最后，区域性品牌只有乖乖"投降"，被三大品牌或外资品牌收购，否则，将消失得无影无踪。

国内化肥行业领军企业如金正大、新洋丰、史丹利、新都化工、芭田、鲁西、红四方等为了释放产能，为了实现销量和利润高速增长，各品牌都打出来自己的牌。比如，金正大推出各种经济作物套餐肥、水溶性肥，在市场下层终端做市场，强化服务；新洋丰参与现代农业变革，区域与产业链双延伸，产品结构升级，专用肥、新型肥高毛利产品不断增加；史丹利致力于从单一农资供应商向综合农业服务商转型，开启种植全产业链综合服务。还有三安、第四元素等，这些领军企业不是在产品就是在价值链、种植服务技术上进行创新，与对手形成差异化竞争。土地流转速度在不断提速，种植大户在不断增加，但是，农资产品主要依赖经销商和零售商销售的局面并没有发生根本改变。笔者认为，复合肥过百万吨的第一、第二方阵的领军企业恰恰在渠道模式与销售方式上的创新是严重不足的，或者根本不具有颠覆性。

中国有31个省会城市，330多个地级市，近2800个县，近5万个乡镇，三大啤酒品牌对现饮渠道采取买断模式是需要巨大资金与勇气的。试问要实现行业集中与洗牌，没有这种气吞山河的决心与霸气，又何以成就一番大业？

三、农资企业存在的问题

我们再来看看快消品行业，发达区域如广东大部分地区、浙江大部分地区、苏南地区农村多为商超业态。一个公司的产品无论多么有特点、有卖点也是没有用的，好产品太多了，你的产品再好,要进入商超销售——"要从此路过,请留下买路钱"。要进入超市,就必须接受商超的游戏规则,交 SKU 条码进店费、堆头费、管理费等众多费用。一句话,城市里都是商超业态,发达农村也是商超业态了,快消品终端销售的门槛非常高。试想一家小公司的产品很好,没有实力、没钱,商超会接受吗?能让该产品进店销售吗?绝无可能。

快消品因为有实力的企业率先给商超费用,把进入终端的门槛抬高了,让有好产品而无实力、无资金的中小公司根本无法进入,进都不敢进,因为没钱可进。可以说大企业与中小企业不是比产品,而是比资本。

时至今日,中国农资产品销售几十年了,大企业与中小企业之间还处于比产品的阶段。农资第一、第二方阵的企业认为要实现行业引领,更多还是在产品与技术上进行创新与差异化,摆出一副"我的产品比你更多、系列比你更全、效果比你更好、产品比你更新、公司比你更多、销售网络数量比你更多、销售队伍数量比你更多"的架势,但比的结果是化肥厂家不是越来越少,而是越来越多。短短几年时间,仅中国特种肥企业就出现1000多家,多么不可思议。

中国种植面积巨大,种植结构千差万别,粮食与经济作物品种十分丰富,如果这样比,中小企业怎么都能找到市场与需求,也就有了机会,所以,能生存与发展,这就是很少看到农资厂家倒闭与关门的原因。看看2016年上半年,第一、第二方阵的化肥企业、农药企业销量不增反降,说明"大鱼"还没有形成吃"小鱼"的能力。金正大全国有11个基地、史丹利有10个基地,品牌有很多,诺普信公司多的近20个品牌,广西田园的公司也不少。但是大家在行业里的占有率有多少?甚至5%都不到。不是这些企业不努力,而是竞争方式不对,不能引领行业,不能洗牌，根本原因就是陷入与中小企业"比产品"的错误竞争中。要快速实现中国农资行业洗牌，这些大企业本身都是上市公司，资本实力雄厚，再加上利润多，应该与中小企业"比资本"，就是要提高终端进入门槛，让能生产好产品的中小公司无地方卖产品，不是产品说话，而是资本说话；让有好产品的中小公司求着被收购，找人托关系"请给个好价钱收购"。

农药企业 2000 余家、化肥企业 3000 余家，中国农资行业厂家之多，不是因为这些中小厂家厉害，而是大厂家、大品牌还没有找到如何通过渠道模式与销售方式创新，没有找到使区域性品牌"死无葬身之地"的有效竞争策略与方法。

四、要进行全国性品牌营销

前两年珠江啤酒的一位高管与笔者交流："刘老师，请问珠江啤酒一年销售 50 亿元还出现亏损的原因是什么？"我的回答是："就一个原因：珠江啤酒没有跨过长江，没有到达松花江。"意思就是当下区域性啤酒品牌已经很难生存了。啤酒早已处于品牌消费时代，如果一个品牌上央视或湖南卫视、浙江卫视、江苏卫视、上海卫视、北京卫视一流平台做广告，但是，这个品牌的渠道网络只局限在区域市场，而没有走向全国，它的广告费就极大地浪费了。消费者看得见广告，但绝大部分的情况是买不到产品。如果在广东、江西、广西等二流卫视上做广告，消费者看得少，甚至不看广告，看了也认为是一个二流品牌，广告做了用处也不大，说明区域性品牌做广告宣传是十分痛苦的事情。其实，农资产品早已到了品牌营销时代，要创全国性品牌，就要到全国性传播平台和一流卫视上做广告与传播，这又是区域性品牌传播的尴尬与局限，可见区域性品牌要创建一流品牌、要创全国性品牌之贵、之难。

吃着碗里、看着锅里、种在田里，在套餐、作物解决方案、水溶性肥、液体肥等产品上创新，这是任何一家优秀企业都不容置疑的战略布局。资源浪费、生产效率低下、产能严重过剩、价格与价值严重扭曲、产品概念满天飞、产品配方千奇百怪，给农民购买与种植带来严重障碍。行业价值链急需重新梳理，行业急需重新定义，急需通过渠道模式与销售方式颠覆式集中创新与洗牌。最坏的时机，特别是对第一、第二方阵的农资企业来说就是最好的时机。

【案例1】 广西田园转型变革实践与深层思考

随着"一带一路"经济战略的实施,信息时代的曙光照亮了古老文明。"桑蚕"像一个苏醒的符号,被赋予了无穷想象,承载着历史使命,各种精美的制品演绎着千年文明的劳动智慧与匠心华章。

2015年,中国国家领导人出访古巴,一个出乎意料的国礼——桑果酒让人们眼前一亮。当一抹暗红的琼浆滑进玻璃酒杯,有一种朝霞般的光芒闪耀,而醉人的清香弥漫着晚霞般的氤氲。

你也许想象不到,这个艳惊四座的饮品与广西田园有关。

没错,这正是广西田园整合农业产业链,利用"东桑西移"后在八桂大地上遍地扎根生长的桑田结出的果实,开发深加工技术、拓展品牌农业的新尝试。

而这一抹惊艳,只是广西田园华丽转身的惊鸿一瞥。

采访李卫国是在他出差的行程中,他极快的语速显示出不容置疑的自信。显然,广西田园对于未来的巨大企图已成竹在胸。这是一个现在进行时的状态,是深思熟虑后付诸行动的节奏。这是一个传说中"手高于脑"的主儿——这是创业型企业家共有的特色。他们的与众不同还不仅仅在于过人的判断力,更在于他们能用坚实的脚步踩准市场节奏的行动力,以及实现目标的执着力与持续热情。

看到李卫国风尘仆仆的样子，真的无法一下子与他的专业背景对接上，甚至也无法与一个亿级企业老总的深厚底气对接上，他更像是一个正在出差的大业务员。但是当他把一幅波澜壮阔的画卷向我们徐徐展开，并思维清晰地用逻辑化、体系化、书面化的语言侃侃而谈时，一个方向感很强的田园总设计师、一个江湖感很强的变革总指挥的形象就脱颖而出了。

一、全球经济一体化，中国农业如何"大隐于市"

> 玉米比国际市场高出 4 角钱、小麦高出 3.5 角钱、稻谷高出 5.5 角钱……三大主粮总体高出 30%~40%。粮食实施托底价收购政策到现在，开始出现小农户不赚钱、大户赚钱艰难的局面。原寄希望通过土地流转带来的规模化种植，并没有呈现出降低农业成本、提高农业效率、提升中国农业国际竞争力的作用，甚至与政策初衷南辕北辙！（李卫国 2016 年）

自 2001 年 12 月中国加入 WTO，中国市场就加速了国际化进程。而跨国公司对中国市场的参与，由第一个阶段的贸易经济、第二阶段的投资经济，很快过渡到第三阶段的竞争经济。它们挟成熟的市场经验，有条不紊地在中国市场上攻城略地，甚至将全球经营网络的核心组成部分（研发、采购、生产等）陆续向中国迁移，由此对中国市场的竞争由战术层面提升到了战略高度。它们将中国视为"第二本土市场"，加速产品服务的本土化进程——这个改变大约在 2004 年前后。

中国农业因为基础薄弱、意义特殊，受到相应的 WTO 条例保护。但随着国内土地和劳动力成本的快速上涨，以及国际原油价格暴跌降低了国际石油农业的成本，中国农产品在国际市场上遇到了前所未有的挑战。2015年中国粮食尤其是玉米，出现了大量的库存。中国农业企业纷纷遭遇困境，而种地的农户更是首当其冲受到了极大的伤害。

"人们采取行动创造这个持久结构，而这个结构又约束人们未来的行动。"（英国社会学家吉登斯）在中国经济结构中，农业作为国家第一产业，一直受到相应的政策保护，但随着国际国内形势的演化，先前的保护政策已难以适应。

李卫国在动员渠道商一起转型变革时曾做了一个生动的比喻：农业作为第一产业就如一个家庭中的老大，由于早期给家庭做过不小的贡献而且身体又不好（是弱质产业），所以当家里的老二（工业）、老三（服务业）长大后，在老爸主持召开的家庭会议上，大家一致同意，以后（自2004年）老大不用再给老爸上缴钱了（免农业税）；老二、老三凡是卖给老大的产品，老爸都少要或不要进贡（农资农机生产减税、销售免税）；老二、老三交给家里的钱，老爸每年要掏出2500亿元（农业各类补贴）补贴给老大；而老大生产的东西，由老爸定价，托底收购后卖给老二、老三；老二、老三要买粮食，只要老大有生产的，即使比别家的贵30%~40%，也必须买自家不能买别家的。但现在这种局面难以为继了，因为老二有了自己的问题，老三也面临着成长之痛，并且要想面向"一带一路"的国际市场去库存，别人也没钱给，只有用比老大更便宜的粮食来换。

企业无法回避自己所处的社会环境。李卫国说："中国社会有着这样的认识基础，人们总是习惯同情弱势群体，但是往往感情用事、忽视方法，结果事与愿违。"问题不是因为我们对农业没有保护或保护得不够，而是因为国际经济早已一体化，中国市场早已经全球化。市场上看不见的手无孔不入，让你防不胜防。就三大主粮而言，我们实施了配额制，即超过配额加收65%的关税。但你不让进口玉米、小麦，他可以进口玉米酒糟、大麦、木薯等代替玉米做饲料、淀粉或者直接进口国际市场便宜的肉类产品；你不让进口大米，但国内外差价太高，他会铤而走险违法走私等。这个时候国家如果还继续补贴粮价，就无疑给市场释放了一个错误的信号，吸引更多的人去种粮食。这就是当下玉米出现大量库存的原因——中国粮价比国际市场高出30%~40%，甚至50%，并且再高下去就要触及中国加入WTO时约定的65%关税"天花板"了，一旦达到这个"天花板"，中国三大主粮的保护壁垒就意味着被击穿。

当地球村已经成为我们最基本的生存方式，对企业家所考量的就是对这种变化的认知和精准判断的能力、整合全球资源的能力、国内国外市场一体化运营的能力。当本土市场已经国际化，对企业家所考量的又加上了回到源头、拿出绝活儿的能力。

二、国际粮价倒逼国内市场，行业洗牌拉开序幕

市场已经没有退路，农产品必须与世界接轨。如果国内粮价被迫与国际粮价接轨降低30%~40%，国内给农民提供服务的农资企业也必须将价格降低30%~40%，不能以这个幅度降价给农户提供产品和服务的企业将被淘汰出局。这意味着中国农资行业格局将发生重大变化！（李卫国2016年）

随着中国成为第二大经济体，世界局势也开始发生新的变化，由美国主导的跨太平洋伙伴关系协定（TPP）已于2016年2

月初正式签署，日本、澳大利亚、新西兰等12个国家已经加入。有分析说这将是未来亚太地区最主要的贸易协议之一，TPP要求参与国家最终将农产品降到零关税（或有部分保留）。TPP范围内的贸易总额将占世界经济的40%，这意味着发达国家将重塑亚太甚至全球的经济秩序，而世贸组织（WTO）的平台意义将被削弱。中国必须随机应变，或者变被动为主动。

这是中国农业企业必须面对的大势。全球一体化下，国家间的博弈，任何最大限度的保护政策都将被最大限度地稀释（WTO下的市场博弈就是先例）。竞争局势将倒逼产业链，要么走劳动密集型的特色农产品品牌化之路，要么设法提升农业效率，降低大宗农产品的成本，使其能够参与国际竞争。

那么，中国大宗农产品的高成本都是由什么组成的？李卫国分析如下：

首先，中国农业土地的租金太贵。如果与国际接轨，需要大幅度降低。

其次，中国农业领域缺乏专业化、社会化、全程化、跨域化的综合服务组织。种植业者中的散户人力、机会成本高，比较效益低，缺乏种地的积极性；大户被迫搞小而全的全程机械化，农业生产效率低下。尤其是南方水稻区，农事作业耗工量大，全程机械化程度低，加之专业化服务组织几乎空白，土地双（季）改单（季）和撂荒比北方严重。我们只看到了美国农业耕种的规模，没有看到美国配套规模耕种的农业服务体系。他们在一个经济的半径范围就有一个综合农机服务站，季节到了，打一个电话各种农事作业就可以搞定。美国5大植保服务商占据着美国70%的农药市场份额。

最后，农资成本高。原因在于农资经营产业链效率低下。在赊销模式下，制剂厂家的产品在经销商的仓库平均存放60天，在零售商的仓库平均存放 50 天，这 110 天的库存耗去的财务费用或机会成本达到 6%（民间拆借要支付 1.5% 的月息）；年终渠道商通常会退回厂家一定的剩余货物，来回运费损失及返工损失合计在企业总销售中又会占 4% 左右的份额；厂家销售人员和渠道商的大量精力耗费在催讨货款和设法拖欠货款上，又耗费了大量的销售费用。所有这些浪费的费用都会转嫁到产品价格中，所以农药制剂产品的零售价通常要达到工厂车间成本的 3 倍左右，才能维持整个价值链的运行。

农药行业要想将提供给农户的农药降价 30%～40%，假如平均分配责任给产业链中的"农药制剂企业—经销商—零售商"，每个环节需要压缩毛利 10% 以上，而目前农药产业链中好的企业的净利润率也少有超过 10% 的。这意味着只能"压扁"整个产业链，也就是说，农药产业链必将重构。只有能适应重构后价值链的企业才能生存，行业洗牌拉开序幕。

三、产业价值链重构的方向："缩短环节，集成功能"

化学反应进行的方向是自由能低的方向，商业模式变革趋向的方向是交易成本费用低的方向。从交易成本、费用和效率上看，打药队模式取代渠道商模式应该是未来确定无疑的变革方向。（李卫国 2016 年）

中国农药工业协会会长孙叔宝在"中国农药策划峰会"上演讲提到：就全球市场来看，六大垄断性企业仍然在集中，巨头间的兼并重组正在加剧。杜邦和陶氏两大化工巨头合并后，将达到 1200 亿美元的销售额；中国化工也提出以 430 亿美元收购世界第一大农药公司先正达等，具有70年发展史的农药市场将迎来历史性的大变局。而中国农资市场，随着保护土地资源、改善生存环境任务的日益艰巨，农药、化肥零增长政策的颁布，意味着靠需求拉动增长的历史将一去不返，农资企业粗放式的经营将难以为继。当产业价值链把这种历史性的负担一层层压向下游终端时，无能为力的种植农户面临绝境，只有选择放弃。

成功的企业一定是帮助社会解决了一个大问题。中国农业市场的问题本质，是供求分离的矛盾日益严重的结果。营销学者包政教授认为，如果科学管理始于专业化分工，极大地提高生产效率的同时，也设置下交易的障碍——供求分离。分工的趋势是越来越细，供求分离的间隙也越来越大。组织本来就是分工后同步衍生的命题，但是后者却被经济学家忽略了，所以实践只能在黑暗中摸索，而经济危机总会周期性出现，只有极少的有根的生命型企业才能够触摸到真理的脚。

所有的企业都必须沿着供求一体化的方向而努力，中国营销史上曾经的规模化销售也好，后来的深度分销、终端下沉也好，无一例外。那些扎根市场的中国企业已经摸索出了自己的出路，比如，华为在技术创新的道路上一骑绝尘，领先国际市场后，开始整合产业链做组织平台，在云管端同步发力。

"面对农业交给农资行业降价30%~40%的作业，农药等农资行业恐怕只有沿着'缩短环节、集成功能'的方向重构价值链，主动'变扁变粗'才能过关。"李卫国清醒地认识到，"你无法拒绝这一轮的洗牌。即便在原来的经销体制下，渠道也是一个不断缩短的过程。2003年以后，一些处在地级市的经销商，因为不转型面向乡镇零售商，早已被县级经销商挤掉。在土地户均耕种规模较大的东北地区，早在7~8年前，经销商直接零售给大户的销售份额已占到30%~40%……而当下是由量变到质变的临界点。"

马云在与 Facebook 创始人扎克伯格的对话中谈到教授学者与创业家的区别，深有体会地说："如果说专家学者能够对时局的大变化做出预测，创业企业家会从小的问题着手，思考技术怎样解决并最终解决大问题。也就是说，他们会从夹缝的边缘地带寻找到突破口，所谓寻找一个深巷，放下一条大船，驶向波澜壮阔的未来。"

李卫国和他的团队终于找到了解决问题的抓手，或者说切入点——组建一支直抵终端的"特种部队"：专业打药队。他把目光瞄向渠道资源——这个时候，他必须具备行业价值链整合者的胸怀。

如果现在的渠道商转化成植保服务商——打药队，与厂家直接交易，则可以将批发和零售合二为一，同时还可以获得一份作业服务的收入，即获得批发、零售及作业服务三份收入，相比于原来的任何一级渠道商，可运作的利润空间和降价空间大幅度增加。

直供打药队后，企业可以使用大包装农药，可降低超过 10% 的包装材料费用。同时，缩短渠道一个环节后，厂家市场存货可降低 50% 以上，企业供货成本可以降低 10% 以上。

在"农药制剂企业—打药队—农户"的新商业模式下，农药产业链实现向农户降价 30%~40% 完全成为可能。与此同时，困扰中国多年的农产品质量安全中的农药残留超标事件频发问题可以迎刃而解了。

多年来，由于中国农民分散使用农药，难以实施农药处方许可和施药许可制度，导致高度专业化的农药产品谁都可以处方和施用。在农药滥用的情况下，农药残留超标事件在所难免。而打药服务专业化，农药的处方和施用管理就有了抓手。专业化的打药队通过物联网技术自动记录上传每块农田的施药记录，也使得农产品生产过程中的用药追溯成为可能。

在打药队的商业模式下，农药减量成为可能：一是专业化队伍可以避免滥用、错用导致的农药多用；二是打药队是按照病虫害的防治次数收费的，当收费标准确定后，打药队从盈利动机上只会少用药而不会像以前的零售商（医生）一样开大药方给农户（患者）。

在打药队的商业模式下，打药队可以使用能重复利用的农药大包装，可大幅度减少小包装农药废弃包装物对农田的污染。

植保服务商、综合农事服务商把农活都包了，农户干什么？农业问题的解决必须靠工业化的持续发展。工业化对劳动力的吸纳导致劳动力缺乏、劳动力价格上涨，使得农村人有更多赚大钱的务工机会，耗费人力的苦力活被机械取代才会有利可图。农民再也不必守着自己的一亩三分地，日出而作、日落而息地辛苦劳作了。

"这里有一个前提条件：劳动力的价值必须越来越大，否则打药队这件事情就不对。"恍然大悟——一个老总的方向感与江湖感跃然而出，所谓营销是一件事情，企业必须在合适的时间做合适的事。

四、转型进行时，全力打造"综合农事服务"体系

我们在2015年扶建了700多支打药队，2016年将进一步发力，大力发展村级打药队，并帮助打药队拓展收割、育插秧及烘干业务，扶持、服务渠道商转型为植保服务商及综合农事服务商。田园公司也将随此完成农药制剂企业向植保服务商及综合农事服务商的助产师和保姆的蜕变，并通过布局品牌农产品产业，

进一步转型为农业产业链的服务商。（李卫国 2016 年）

找到连接未来的节点，打开解开问题的结点！2015 年年初，李卫国率领他的广西田园在农药行业展开了"缩短环节、集成功能"的大规模实践。

（1）大力扶持渠道商转型，发展建立了 700 多支打药队，分赴田间地头。

商业合作的成功之道是成就别人，进而成就自己。广西田园扶建打药队，先把机会给了过去的合作伙伴，以实现双赢为最终目的。"成功者不是能为自己争取到最大利益，而是能够分配好各方的利益。"李卫国坦诚地说。

广西田园有约 5000 个经销商、约 50000 个零售商，经过 22 年的苦心经营，广西田园与渠道商结下了不解之缘，这是一笔宝贵的资源。缩短环节不是砍掉经销商或者砍掉零售商，而是支持服务愿意转型的所有合作渠道商转型——只要渠道商愿意转型，一个也不落下。在这轮转型过程中，广西田园价值链中的经销商相比于零售商有更强的经济实力，可以重点服务于资金需求量大的种田大户；零售商经济实力虽弱，但能吃苦，联系农户面广，可就近深入村庄，重点服务小农户；同时经销商和零售商还可以合作组建打药队，主动实施批零一体化的融合。

打药队明白，只有做大蛋糕，才能获得最大利益。

田园公司为拟转型拓展植保服务的渠道商提供无人机等高工效施药设备及高工效农药产品，提供操作人员免费培训、设备和任务调剂等服务，收取作业分成。打药队无需购买利用率低、昂贵且技术处于快速变革中的设备，只需支付作业费分成给公司。这一模式极大地降低了合作伙伴的投资风险、经济压力和成本，解除了合作伙伴的后顾之忧。

在这一商业模式下，田园公司除获得原来的农药销售盈利外，多了一份设备作业费分成收入。

2015年，40多个无人机打药队（100多架无人机）中，有多个打药队的服务作业获得盈利，最高的单组（两架无人机）盈利达到50万元。使用背负式喷雾器的近700支打药队（约5000台高工效喷雾器）几乎没有亏损的，有些还创造了单台低容量喷雾器作业2000亩，作业费加上农药营业额超过3万元，创毛利超过1万元的纪录。700多支打药队作业面积超过100万亩次。

2015年广西田园探索运行了包括水稻植保服务（水稻全程植保3~4次用药）、小麦—玉米区植保服务（小麦除草——喷三防—玉米除草—玉米杀虫一年至少4次用药）、果园植保服务、蔬菜植保服务（露地和蔬菜超低容量无人机及背负设备施药、热雾及冷雾施药）等多种作物专业化打药队的商业化运营模式。

（2）扶持打药队拓展育插秧、烘干及收割业务，拉长从业者工作季节，提高人力资源利用率，帮助其提升打药队的盈利能力。

如果专业化的植保服务商仅从事植保服务，作业季节短，人员赋闲时间长，人力成本就会拉高。在华中水稻区，水稻病虫害防治从5月中旬到9月底，总计不足5个月，打药队专职员工要赋闲7个月，所以人员工资压力很大。这也是政府推广了多年的植保专业化统防统治难以成功商业化的重要原因。

功夫在诗外。打药队必须有能力应对日后更多的进入者，从而避免陷入混战、过早终止自我进化与成长，出路就是立足已有基础，集成更多的服务项目，把人员、设备的空闲季节尽量多地用起来，从而摊低人力和设备成本，降低收费标准，提升自身的生存和竞争力。为此，广西田园进一步探索，将现有技术基本成熟但因缺乏商业模式而尚未广泛推广的工厂化育插秧、移动式烘干等农事作业项目，设计成可行的商业化运作模式，进行探索性试验，已取得初步成果。

（3）试水农资电商，打掉产业链冗沉成本。

为提升公司合作与渠道商上下游价值链的竞争力，2015年，"广西田园通农资电商有限公司"成立，开始试水农资电子商务。公司将零售商教育已经完成的一部分产品归入"田园通"，说服经销商帮助公司发展零售商加盟实现网上现款交易，缩短环节，减少市场库存60天以上。然后，广西田园与经销商一起大幅度让利给零售商，使零售商的进货成本降低20%~30%，大大提升价值链终端的竞争力和运作空间，短短几个月即实现交易额数千万元。

生产力决定生产关系。支付宝等第三方支付方式和第三方物流的发展，使得新的更简洁、费用更低、效率更高的交易方式成为可能。广西田园的田园通（O2O）及更多其他形式的农资、农业服务电子商务项目将应运而生，高调走进"互联网+"时代。

（4）布局品牌农产品领域，从赚农民的钱到帮助农民赚钱。

从农田到餐桌，这是一个万亿级的市场。而农产品生产过程中关键的保障技术就是农产品的质量安全问题。广西田园拥有300多个登记的农药产品和一支安全合理用药的技术支持力量，无人机打药设备上设计了智能连接，只要一开机，扫码器就自动记录上传用药信息到田园的数据库，这为农产品安全生产提供了可靠的技术保障。而广西田园在品牌农产品领域小试牛刀，便已经光芒四射——广西田园在世界著名长寿之乡巴马县投资建设生态桑果种植基地，已经结出了灿烂的果实，并乘着"一带一路"的东风，顺利打开了国际市场的一角。

2015年在中国—古巴建交55周年之际，两国合作成立的蚕桑科技合作中心揭牌仪式在江苏科技大学隆重举行。广西颐生园生态农业有限公司（广西田园公司投资控股）推出风味独特、醇香可口、浓馥悦人的桑果酒和在桑树植保方面省时、省工、省力的农博士高工效无人机等产品亮相，引来国内外有关专家的一致好评。

至此，广西田园基于未来的战略布局已经初步完成，用李卫国的话说："我们已经圈下了一块可以持续耕耘20年的地，在这20年中，我们还可能会从这块地发掘出很多新宝藏，发现通往新大陆的新的道路。"

智能手机集成了过去手机、呼机、商务通、MP3、MP4、傻瓜相机、导航仪、计算器、手表等众多工具的功能而为消费者节省了大量成本；综合农事服务业的发展和普及也将为农户集成农药、种子、肥料、耕作、管护、收割等农业投入的功能，同样将大幅度节约农业投入的成本，提升中国农业的效率和国际竞争力。

五、科技创新——农资企业转型绕不过的坎

国内企业家往往热衷于找风口，热衷于打鸡血般的励志培训，但往往缺乏对科学技术的崇拜。数十万饱读《国学》和《孙子兵法》的清军，在现代技术武装起来的几千八国联军面前不堪一击，所以科学技术真的是第一生产力。（李卫国2016年）

田野里不只是遣怀乡愁，还有不负时代的大风歌。优秀的企业家拒绝平庸、一路向前。但是在风口飞扬的不都是开天辟地的"大风歌"，并不是每一个活过冬天的企业都能够迎来明媚的春天，相对于2008年的经济危机，这次经济下行期有着根本的不

同。2016年将是结构调整层次最深的一年，农业供给侧改革尤甚，以往的冬眠方式、抱团取暖方式等不再应验，主动变革、创立结构性抗风险能力将是指向未来的先见抉择，否则将与历史新机遇擦肩而过。

业界有分析认为，2015年6.9%的增速出现明显的结构性变化，服务业、技术类增长，消费需求旺盛。从企业经营角度讲，对于价值型企业，这恰恰正是历史性机遇期。同时意味着靠粗放式的资源投入、破坏环境、低成本、单一打价格战的企业将难以生存，没品牌、没技术、没管理的企业将被淘汰。长期以来劣币驱除良币的市场现象将出现逆转，产业过度分散、运营效率低下的状态将发生转变，消费者价值时代将真正到来，具备技术创新能力与人力资源的企业将脱颖而出。所以，2016年对劣质企业来说将是最糟的一年，但对优质企业将是最好的一年。

"转型是需要条件的。"其实，广西田园打药队要干的活，就是政府多年来一直在推，但一直难以商业化运作的专业化统防统治。为什么一直难以商业化？除了以前中国工业化进程还没有把苦力活价格推高到足够高的阶段外，还有就是没有支撑打药队运营的生产力手段——高工效的施药工具和技术。

田园公司从2008年起就创立新公司探索植保服务业务，经历连续两年亏损后，总结得出结论，如果打药队背着与农户一样的设备打药是注定要亏本的。打药队要想生存，必须依靠高工效的施药技术。也就是从那时起，广西田园开始将节省打药劳动的技术当成公司技术创新的战略方向，启航了在高工效农药、高工效植保、高工效用肥领域的开疆拓土，将公司研究开发目标由提供性价比更高的农药扩展成提供性价比更高的"农药+施药劳动"。

李卫国总结：广西田园22年的发展历程，技术创新的模式一直在不断升级。初创阶段是"**随机模仿创新**"，看到市场上哪个产品热销就照葫芦画瓢做一个更便宜的；到后来抓住一批高毒农药退出市场的历史机遇，进行"**随机自主创新**"，使公司上了一个台阶；随着公司规模的扩大，原来"游牧式"的随机创新模式难以支撑整个部落（公司）的生存和发展，2008年将研究开发的重点聚焦在"**农药＋施药劳动**"，开启"**系统自主创新**"的转型升级。

李卫国深有体会地说："就所在行业来看，凡是有科技基础的企业都能够实现持续性成长。"比如，北京颖泰嘉和生物科技股份有限公司，其GLP实验室是中国大陆第一家通过OECD认证，依靠和国际对接的高新科技实现快速发展，创立10年就跃为行业前三，连续多年蝉联农药出口企业冠军。而持续成长需要持续投入、持续创新，也有一些企业实现了阶段性成就却后劲乏力，原因在于企业的规模不是建立在深厚的技术积淀之上，而是建立在一时的机遇之上的。

化学专业研究生出身，多年从事技术工作，对科技的钟情不言而喻，李卫国一直兼任公司研发中心总监，也自然给企业的生命成长注入了科技基因，如今这种优势将发挥出巨大能量。广西田园成为中国化工500强企业，在中国农药剂型行业规模第二；建有农业部重点实验室、院士专家工作站、博士后工作站；每年的科研投入占销售收入的3%以上，所获专利、研究成果共计300多项，在超低容量制剂及施药技术领域、药肥一体化技术领域在全国乃至世界范围内处于行业领先地位。其中，李卫国本人也取得多项发明专利，并同时承担包括农业部公益性行业专项、科技部科技支撑计划、火炬计划、重点新产品计划，以及广西区和南宁市重大专项等多项科研项目。2014年，李卫国被国家农业部聘任为第九届农业部科学技术委员会种植业组委员，同年荣获国务院颁发的"2014年度国家科学技术进步二等奖"、荣获中国科协

第一章
农业产业化趋势来临

"全国优秀科技工作者"称号……在李卫国看来，这些成就更是广西田园能够赢取未来的底气，也是新的起点。

所谓的企业家精神就在于忠实现实条件而又绝不受限于此的行动能力。李卫国深谙企业"活的哲学""赢的道理"，1994年离开北京到南宁领导创建农药公司，正是出于专业把握、资源优势与对市场需求的深刻洞察。广西地处南亚热带和中亚热带，温度高、湿度大，农作物、经济作物品种多、生长期长，病虫害防治时间久、空间大，而广西、云南、贵州一带的农药企业力量薄弱，投资农药产业容易在西南形成竞争优势。同时，农药生产可以从简单的分装起步，然后循序渐进，发展到制剂加工和原料生产，投资风险小。公司投资农药后，做好了，可以向化肥、兽药、农用薄膜等农用化工产品领域扩张。这是他对广西区域林产化工、海洋化工、橡胶助剂、造纸工业用助剂等行业进行详尽调研后得出的结论。显然李卫国的眼光不只是基于眼下的机会，他一开始就给公司的持续发展预留了可以想象的空间。

目前广西田园生化股份有限公司已发展成为集研发、生产、销售和服务为一体的民营股份制高新技术企业。旗下控股定点农药企业有7家，分布在广西、江西、河南和贵州等省区，所属企业从业人员1800多人。公司拥有一支300余人的营销推广队伍，服务于南起海南、北到黑龙江、西起新疆、东至沿海的20多个省市的全国市场。创建于2009年的"农博士"商标已经被用户熟知、接受，多次被《农民日报》评为"农民最信任的品牌"。公司年含税销售收入在2015年实现11亿元。现在，他瞄准了百亿目标的综合农事服务市场。

在这个历史性的机遇期，广西田园的研发基因更得呈现出价值意义。农药与肥料融合研发的专利成果、农药与器械结合研发的专利成果等，都得到了实践检验。而广西田园也在进行着跨界整合产业链，无人机现在已经实现自主研发、制造。农业在收割、播种完成机械化后，施肥、打药的机械化的完成，才真正结束了数千年来面朝黄土背朝天的农耕方式，把农户从低效、脏、重、危险、浪费的作业环境中解放出来。

谈到对中国市场竞争秩序的担忧，李卫国认为，中国企业跟风严重，机会来了一拥而上，往往还没有完成市场升级就把价格打穿，过早终结掉产品服务的生命周期。李卫国介绍，企业的战略性抉择恰恰与一般企业拉开了层次，而专利保护与科技开发将建立竞争壁垒。整个行业内，广西田园在时间上走在了前面，如药械结合系列技术2008年就开始研究开发，具有先发优势。打药队现在的利益空间比较大，也给优胜劣汰留下了足够的空间。随着胜出者不断发展壮大，广西田园也会有更大的拓展空间。所以，他们乐见有能力的打药队快速成长。

李卫国目的明确，只有将创新落地，才能让企业能力落地生根，才能培育出自我生长力。他毫不避讳地对研究人员提出要求，每研究一项新技术、每发现一项新专利都必须同时考虑：它能够给企业带来什么？它能赚钱吗？如何才能让它赚钱？量投入计产出，用效益来证明并实现科技创新的价值。"我们科研人员必须有市场的敏感，当一个新技术出现时，一定要与市场产生联系，知道它对行业将带来什么影响。"

李卫国本人对新技术有着敏锐的知觉，有这样一个小故事：

2008年一次偶然的机会，李卫国从南开大学赵国峰教授那里得知有一种热烟雾剂技术，不用兑水，一亩地喷200毫升，一天可以作业200亩地。深谙农户打药之苦的李卫国一听大感兴趣。当时国内尚无人研究，更无人实践。他一面翻阅相关书籍，一面多方打探，终于得知中国农业大学化学系有教授对此有研究。而老教授已经 80 多岁，在取得其博士生的帮助支持后，立即投资合作开发。后来广西田园自己开发，终于成功获得多项专利申请。

这就是为什么后来广西田园启动超低容量施药技术的开发，逐渐形成农药与机械相结合的创新战略——属于自己的"绝活儿"。这种落地生根的创新之道，为广西田园抓住转型变革的历史性机遇提供了可能。

六、管理创新——企业生命体的强大基因

广西田园员工之间、员工与公司之间，我们推崇的是"盟约关系"，企业就像一个村子（而不是一个家庭），比邻而居，彼此熟悉，又保持一定的距离。可以扶危济困、守望相助，大家有愿望一起努力合作将田园建设为勤劳智慧的共同家园。（李卫国 2016 年）

包政教授曾探讨中国管理的基本命题，"如果我们不能有效地利用中国文化的传统来建立伟大的组织，也就是一体化，是不可能超越西方的。中国文化的优势如何发挥出来？我们必须要重新审视我们的基因，把我们伟大的组织建立在自己的基因上。"

李卫国介绍，在广西田园 22 年的发展历程中，2008 年以前主要靠管理，之后主要靠技术创新。"接下来我必须重新回归管理了。"做好新的战略部署后，李卫国不敢懈怠。做企业的人都知道，必须永远活在路上。

李卫国对广西田园的管理挑战有信心。当初在人才、设备、原料、技术等都没有优势的情况下，在相对偏僻的西南地区崛起

并实现持续发展。从0到1再到N，正是靠着接着地气趟出来的管理之道。它不是来自于教科书，应该得益于创业领导者李卫国在大学时代遍读孔子、孟子、老子、墨子、韩非子等中国古典哲学，走上管理岗位后坚持学习，以及在实际工作中用心思考。李卫国说："如果一定要总结，不妨说说广西田园管理的三件法宝：企业文化、激励与约束相结合的收入分配制度、科学管理，已自成理论体系。"

（1）企业文化。

李卫国说他至今还保留着这个传统，凡有新员工到来，他都要亲自上课，面对面交流，目的是为达成共识。他认为这个过程必不可少，因为中国社会价值观重建期的空白与弱化，我们的教育体系少了传教者本人就坚信不疑的价值观教育这门课，而中国企业正处于一个追赶过程，各种压力会集中压向职场尤其是一线。员工的专业知识和技能只能称作装在大脑中的应用软件，而应用软件必须安装在坚实的操作系统（系统软件）之上。但是时下中国社会最弱的就是主流系统软件的混乱和存在巨大漏洞。为此企业必须自己设计并不断调整、修正，达到内外和谐。

"所有的应用都是装在系统软件上的，很多人出问题都不是出在应用软件上，而是由于系统软件的崩溃。因为系统软件会中病毒、积累病毒，会有漏洞，所以电脑总是要定期杀毒、清理垃圾、打补丁，但是这个社会没有形成这样的系统软件和机制。"他没有回避问题，因为企业无法回避现实。

广西田园文化有几个关键词值得业界关注：

①"构建一个完整的系统软件"：有信仰就有约束，所以企业文化首先必须要做到能使人真的愿意信，使公司员工从上到下都愿意信，这个系统要能够解释当下社会所有现象并具有预测性，经得起时间的证明。在开放的社会，员工每天都会和社会上

的各种人打交道，思想会受到各方的影响，所以这个软件系统一定要严密，不能漏洞百出。比如，人为什么活着、人与企业的关系、人与社会的关系等，都有具体内容。"一个公司的员工必须有共同的价值观。"李卫国说，"否则一切无从开始。"

②"超额劳动"：听起来很偏激，但正是为了入心。广西田园鼓励人为实现自己的最大利益而奋斗，同时要求建立在为组织和社会贡献的基础上。所谓"超额劳动"就是要求你要想获得一流的收入和个人发展机遇，必须比同行付出更多的时间和精力，必须有更高的效率。这也是华为说的"以奋斗者为本"，这是中国追赶型经济、压缩式市场进程所决定的。

③"盟约关系"：人与企业是什么关系？田园取了彼得·圣吉《第五项修炼》中的这个管理词汇。所谓"盟约关系"，企业就像一个村子（而不是一个家庭），比邻而居，彼此熟悉，又保持一定的距离，可以扶危济困、守望相助，大家有愿望一起合作将田园建设为勤劳智慧的共同家园。

最重要的是，所有的人都必须相信这种共同的企业文化。它并非是世外桃源，要求员工将个人利益与责任相统一，才能够和组织、社会和谐共处。李卫国反复强调这种责任文化。

（2）激励与约束相结合的分配制度。

善意的管理是一种以终为始的良性循环，必须充分照顾到人性，在实现公司最大限度地激励效果的同时，也引导实现个人自我管理的最好效果。这和稻盛和夫的阿米巴经营管理有异曲同工之妙，他没有回避人性的弱点，相反给予充分的关照，方能进行好的疏导。所谓"成本最小化、效益最大化"，而员工只有自动自发、心情舒畅，才能实现企业与员工双赢。

李卫国无不自豪地说："无论是生产、技术、销售、管理、服务等，田园所有的工作项目都可以量化，以终为始，实施自我管理。充分照顾到人性弱点，给予善意引导。善意的约束是对员工的一种保护，而激励则出于一种双赢。这个共识是在企业文化认同、信任的基础上的。"

(3) 科学管理。

李卫国刻意提到泰勒的科学管理，一般教科书会更多地关注他的动作分析。他认为这是一个极大的误会，泰勒的科学管理要义并不是动作分解，而是要找到一种工人和投资人双赢的方法。学者在梳理管理发展史的不同阶段时，也割裂开了管理的真相，如分工管理、流程管理、绩效管理、组织管理、质量管理等，实际上我们连最基本的科学管理都没有过关。

企业必须建立基于自身实践的管理体系。李卫国认为，判定企业内部对一项业务的管理是否已由本能经验式上升到科学管理阶段有5个标准：有没有明确的方针、有没有量化的目标、有没有科学设计的流程、有没有清晰设计的职责、有没有奖惩跟进。

他对中国人不喜欢戴明耿耿于怀，"戴明的书一开始就提到泰勒的科学管理"。中国企业需要补课（不是去读 MBA），实现科学管理还有相当长的路要走，很多企业管理成本很高，虽然这些成本对谁都没有好处，与多赢的目标背道而驰——看起来更像企业营销人的李卫国，骨子里是"理工男"的本色。

科研创新、管理创新是广西田园企业生命体的两大基因，22年的积累、沉淀、成长，如今成为其转型升级的有力"两翼"。而"综合农事服务商"的打造必将给企业组织架构带来冲击；基于产业链整合的企业管理，与社会有了更多的深度连接；互联网改变了一代人的生存方式，也必将改变一代人的思维方式。回归管理后的李卫国在率领他的团队走向中国农业的大未来时，会有哪些创新实践与大家分享？同样令人期待。

【案例2】 红四方6年时间销售复合肥120万吨

近年来，国家经济发展放缓，农资行业雾霾不散，国内的化肥市场竞争态势日趋激烈，受产能过剩、气候异常、恶性竞争等多重不利因素的相互影响，市场行情持续低迷。不过正是在这种低迷的环境中，才重组几年的中盐安徽红四方股份有限公司（以下简称中盐红四方）却逆势上扬，其复合肥已连续三年销量突破百万吨，一举成为复合肥十大名牌，位列全国第一方阵。

中盐红四方是2009年为了合肥化工产业的发展和壮大，以中盐红四方为基础，吸收合并安徽锦邦化工股份有限公司、安徽天辰化工股份有限公司、安徽海丰精细化工股份有限公司和合肥四方磷复肥有限责任公司等几家企业，并由中国盐业总公司控股、合肥市工业投资控股有限公司参股组建的大型化工企业，注册资本金10亿元人民币，拥有14家子公司。

公司位于安徽省合肥市循环经济示范园，总占地面积5250亩，在岗人数5000人，其中各类专业技术管理岗位人员将近600人。公司拥有全国首家农化服务中心和省级企业技术中心，是国家高新技术企业、合肥市知识产权示范企业，是国内首家控失、抗旱肥生产企业，是国内首批通过"两化融合"管理体系认定的企业。产品畅销全国各地，远销亚洲及欧美市场。

公司秉持"生态文明、循环经济、集约高效、永续发展"的管理方针，自2009年开始实施"退城入园"，全力以赴组织实施中盐合肥化工基地的项目建设。整体规划完成后，将成为煤盐一体化、产品精细化、装备现代化、管理科学化的循环经济新型工业化企业。

是什么魔力让红四方复合肥有如此魅力？辉煌成绩的背后，得益于中盐红四方领导的审时度势与团队擅打胜仗。他们化压力为动力，变目标为行动，紧盯年度任务，抓住市场需求，优化营销组织，布局全国市场，强化品牌战略，提升服务水平，努力实现建设活力、成长力、发展竞争力强劲的现代化企业的目标。

一、坚持战略目标导向，坚定三个战略关键点

中盐红四方作为一家由老国企并入到央企的企业，在企业发展史上有过辉煌，也存在许多问题。中盐红四方的领导审时度势，根据市场的新形势和发展趋势，制定出符合企业发展的三个战略关键点，并将其作为现阶段企业发展的目标。

一是"轻重产业结合"，着重发展传统优势复合肥与市场前景好、附加值高、技术新的乙二醇等项目。"轻"是指复合肥，尽管中盐安徽红四方有一定的基础，品牌也有自身的影响力，但是和国内一流化肥企业相比还有差距，所以要加快发展、进步。不仅仅是规模的扩大，还要在品牌效应、技术创新服务能力上跻身行业一流。所谓的"重"就是集中资源着力发展技术含量高、附加值高、市场前景好的精细化工（乙二醇）项目。

二是"软硬结合"，实现硬件实力与软实力同步建设、同步提升。硬件条件改善了，控制系统先进了，不等于人的观念、思想、技术、管理方面的经验技术先进，要重视硬件改造和先进技

术的引进、吸收、消化、创新，同时也要重视打造人才聚集、技术创新、资本融聚的大平台。经营企业就是优化资源配置和充分有效地利用资源，人力和人才资源若是解决不好，很有可能会出现负面影响。

三是"国有与多元化投资相结合"，借势大力发展混合经济，实现转型发展。市场经济条件下，如果企业的机制落后，尤其是分配机制落后，或者说没有比较和竞争，再想实现管理将会出现困难。把多元化投资，比如股份、管理人员、技术骨干，包括外界的一些专利、技术和投资等融入后，集聚资源发展事业，打破国有企业一股独大的局面，形成一个活力四射的机制。

二、一切为了前线，坚定营销是企业经营的核心

中盐红四方总经理方立贵认为，越是面临复杂困难的局面，越要直面应对，勇于接受挑战，因为守是守不住的。中盐红四方把营销定为企业经营的前沿阵地，努力营造"营销是第一线"的工作氛围，不断增强营销人员的使命感。以提高效率为目标，不断优化组织，强化目标管理与责任考核，全面打造营销执行力，提升管理水平。

在营销的组织架构方面，根据产品销售区域需要，调整优化营销力量，把化肥销售队伍整合成5个销售公司，明确每个公司的营销区域、主攻方向和年度目标；在营销人员的培训方面，采取请进来与走出去相结合的培训模式，定期组织开展专业知识培训和交流，努力提升营销人员的业务水平和综合素质；在政策激励方面，红四方采用经济责任制的考核方式，明确业务员的销售目标，确定高于企业平均收入的薪酬基数，销量和售价超额重

奖，同时实施末位淘汰机制，有效激发营销人员的工作热情。中盐红四方调整压缩了编制，但营销机构的编制却一扩再扩，其他部门人员实行定员定编，可营销人员却没有编制限制。

在营销政策方面，因为市场瞬息万变，指定灵活的经销商政策。中盐红四方针对复合肥销售区域跨度大、种植结构复杂、季节需求日趋集中的特性，打破常规，以公司统一营销政策为指导，结合区域市场特点和不同客户需求，制定切实可行、灵活多样的营销政策，实行一单一议、一地一策，实现销量提升。

在客户开拓方面，针对复合肥客户群体量大、小客户居多的特点，为实现平衡发展、共同提升，中盐红四方公司抓大促小、全面开花——在省内周边市场以深度营销、密集分销为抓手，统一规范客户经销行为和经营方式，增加小客户网点密度和承销量；在省外市场持续抓好会议营销，帮助客户做好终端促销，进一步提升红四方品牌在市场上的影响力；抓住重点大客户以量定价，制定针对性较强的激励政策，保障大客户销量持续提升。

三、诚信构建共赢，建立全国销售网络

在渠道理念方面，中盐红四方一直倡导"诚信构建共赢"的理念。多年来的实践使中盐红四方深刻地认识到，只有诚信经营才能赢得更多经销商朋友的信任与支持；只有最大限度地维护经销商的利益，才能为企业聚集取之不竭的发展动力。在产品价格下滑速度超过原料下滑速度的严峻形势下，中盐红四方尽量降低经销商的投入风险，最大限度地保证经销商利益；并且同银行达成协议，提供给经销商低于市场价的利率资金，彻底解决资金短缺的问题。一方面，可以解决经销商扩大规模发展的资金瓶颈问

题；另一方面，提高经销商的忠诚度，起到示范作用。

在渠道建设方面，中盐红四方大力推进网络化营销管理模式。在安徽省内市场逐步将经营网络的触角从县城延伸到乡镇，在肥西等公司周边地区直销；在蚌埠地区划小经销区域，营销网络下移，扩大红四方复合肥的市场占有率。同时，结合商务部"万村千乡"的市场工程建设，充分发挥自身品牌和农化技术的服务优势，实施连锁经营，夯实网络基础。而在省外市场，则重点抓好山东、河南、东北及湖南、湖北市场，将经营网络覆盖到全国，根据全国各地农作物用肥时间和要求的不同，不断提高红四方肥料的市场份额。

在渠道管理方面，以优化和拓展为重点。加强核心市场管理和开发深度、潜力，增大市场开拓力度，开发市场网络建设，采取强有力的广告宣传，提升品牌知名度、美誉度，加大新型肥料市场的开拓力度，推动产品结构调整。

在隐形渠道方面，持续创新性拓展。针对渠道模式变化，加强与种业渠道融合，借助种肥同播模式，利用种子渠道销售复合肥产品；结合国家农业部测土配方施肥工程的建设，与各地项目县紧密协作，抓紧抓好配方肥招标工作；强化与全国农民专业合作社、家庭农场、种植大户合作，不断生产销售适合的肥料产品。中盐红四方通过全国各地定制肥、配方肥、招标肥等模式，培育了一大批忠实的经销商客户，为中盐红四方实现销售目标打下了坚实的基础。

在线上渠道方面，中盐红四方已经与京东商城的代表签署了战略合作协议。这意味着在2016年中盐红四方将会在农资电商的道路上展开探索之旅。中盐红四方对于农资电商模式的探索，意在助力经销商转型。

四、产业全国布局,产能有效分解

作为全国最早生产复合肥的企业之一,做大做强复合肥产业一直是红四方人的梦想。在加入中盐总公司后,红四方复合肥产业取得快速的发展,在合肥新建百万吨复合肥生产基地,同时以中盐为平台,接收和整合四方磷复肥和中盐株化复合肥产业,成立红四方肥业股份有限公司,进一步提高复合肥产能。此外中盐红四方通过并购东北扶余化肥厂,布局国内最重要的粮食产地东北,并将在湖北、宁夏、广西等粮食作物集中地建立生产基地,加快生产基地全国布局,实现企业产能增长,降低生产成本,并且有效辐射周边地区,加大红四方复合肥的品牌效应。强力稳固红四方复合肥全国第一方阵地位,并且在异地生产管理过程中,秉承红四方基地生产管理理念,严格生产细节管理,确保各地红四方复合肥料产品优质出品。

对于未来定位,在中盐总公司"坚决做强做优复合肥产业"的决策下,按照打造"精品红四方、国际红四方、百年红四方"的工作目标要求,全面提升管理水平。红四方正在加快生产基地全国布局,并共享中盐总公司市场资源,力争用十年的时间冲刺年产千万吨的目标。

五、强化品牌战略,加强品牌建设力度

中盐红四方深知品牌的作用,在农资市场竞争态势日趋激烈的今天,没有品牌就没有发展出路,只靠价格竞争是占领不了市

场的。

在品牌定位上，中盐红四方通过对品牌的梳理、提炼和调整，提出以"红四方"品牌为主体，以"奔小康""海伟事"品牌为补充，打造一体两翼的品牌体系，开拓红四方系列产品市场。其中，"红四方"以传统肥料为主，"海伟事"主打控释、缓释复合肥，"奔小康"主打抗旱肥、测土配方肥等差异化品牌。

在品牌管理上，中盐红四方坚持产品改造、开发和提升。重点发展红四方品牌，实现红四方品牌结构提升和规模扩张，通过 3~5 年的品牌培育和市场拓展，成为中国农资行业的核心品牌；强化品牌内部支撑，注重品牌文化与内涵塑造、技术创新与研发、产品质量与服务。

在品牌传播上，采用多元化、立体化的传播方式。借助电视、报刊及网络媒体的宣传推广，强化墙体、各种推广会议、试验示范推广，形成从高空到地面的立体化品牌宣传，为企业的可持续发展提供支持。2016 年，中盐红四方加大人力、物力与财力进行广告投放，包括央视、各大卫视等媒体广告投放，在终端市场进行"铺天盖地"般的宣传，还包括各级会议营销工作等。

六、注重产品品质与创新，推进技术成果转化

"内抓管理、外拓市场"是市场经济条件下企业的立身之本，只有产品质量优、服务能力强的企业，才能在竞争中立于不败之地。

在产品品质上，中盐红四方强力引进"三标一体"的国际管理体系，全过程管控企业管理的各个环节。在原料采购、产品生产、物流、设备、工艺等方面，全面贯彻 ISO 9001 等三标一体化

的要求，按照公司"三级质量管理网络"和"三级质量监控网络"，建立从原料进厂、生产过程到产品出厂等全过程的质量管控程序，降低采购物流成本，提高和保障产品品质。如定期召开一次产品质量协调会，分析存在的问题并改进，解决市场反馈的问题；加强复合肥配方管理，力求配方正确、合理，加大生产复合肥配方的检查力度，从源头上杜绝产品少养分的问题。同时根据企业运行的实际情况，提出"1个10%和9个1%"的降本增效管理理念，其中就有要求采购费用在全年正常采购总额的基础上降低1%，销售价格在全年平均售价的基础上上涨1%。

在产品创新上，持续推进新品研发与推广，丰富产品的品种结构和科技含量。通过新技术、新卖点的实施，走特色发展之路，具备从低端到高端的较为完整、合理的产品线结构，增强竞争力。中盐红四方近年来一直与高校、科研院所紧密合作，不断推出新品肥，响应国家号召，践行化肥"零增长"。主打新型产品有缓控释肥料、控失肥、高塔肥、硝硫基复合肥，产品具有"等量增产、减量不减产"的使用效果。与各级农业土肥、农技推广单位紧密合作，推进测土配方施肥，指导农民科学用肥。

中盐红四方与全国农技推广服务中心开展战略合作，在河北等17个省布置缓释肥试验31个、控失肥试验29个、抗旱肥试验2个、烟草肥试验1个，涵盖玉米、水稻、小麦、甘蔗、苹果和桉树等9种作物。全国农技推广服务中心对各地试验结果的反馈：中盐红四方缓控释肥系列产品均有一定增产效果，增产幅度最高可达33.2%。与习惯施肥、测土配方施肥相比，可减少单位面积肥料使用量，纯养分投入减少5%~12%，通过示范田增产效果观摩等形式，让更多的用户了解红四方新型肥料的产品效果，有利于推广新型肥料。

七、强化农化服务，加快向服务商转型升级

服务创造价值，服务创造利润。为提高中盐红四方肥料产品的市场竞争力，公司将由以前的"卖产品"转变为"卖服务"，实现传统的产品营销向服务营销的转型升级，充分发挥全国首家农化技术服务中心的优势。在"人无我有、人有我优"的思路下，在服务细节上下功夫，通过扎实服务，加强交流沟通，提高业务的专业水平。

在硬件上，加大资金投入，配备最先进的光谱仪、色谱仪，以及相关专业设施、设备和车辆；在软件上，从安徽农业大学、合肥工业大学等专业院校引进人才，形成了近百人的专业农化服务队伍。对转型客户进行人员培训、专员协助、车辆配置及电商和服务体系建设支持；通过加大 1000 吨～2000 吨的渠道帮扶，实现突破，从车辆、人员、组织方面帮助 2000 吨以上的客户实现公司化运作和向推广服务营销方向的转变，实现"一体化"的渠道模式。

中盐红四方依托化工部授予的全国首家化工农化服务中心，在服务的广度和深度上狠下功夫，深入到田间地头，服务到农户家中，形成了具有自身特色的"亲情化、零距离"的农化服务模式。在七八月份最热的季节，中盐安徽红四方农化服务队奔赴在全国各地，他们分成若干个小分队，针对重点区域、重点品牌进行全方位的跟踪服务。在福建长汀，他们顶着烈日在田间地头开展了一堂别开生面的讲座；在东北吉林，小分队采用宣传车、广播循环播放等现场推广模式，走村串巷、深入田间地头，逐村播放科学施肥知识；在陕西洛川，队员或在开观摩会，或在试验示范

田查看作物长势，或为农户取土化验，或在现场把脉诊断答疑解惑，他们的足迹遍布大江南北。

因为胸怀大志、心系于农，所以坚持走可持续发展道路；因为勇担责任、忠诚事业，所以精益求精地创建生态化工。中盐红四方这艘巨轮劈波斩浪，扬帆远航，助力农业科技、服务农业梦想，提高农民收入，为推动行业发展贡献一份力量，最终实现公司"中国梦、红四方"的宏伟愿景。

【案例3】 祥云健康肥在农资寒冬下如何重塑未来

南方略湖北祥云健康肥策划记

对于农资行业的化肥企业来说，2016年注定是不平凡的一年，在国家供给侧改革，淘汰落后产能进行产业升级，进行环境治理提出化肥零增长，进行土地流转鼓励农业工业化发展的大时代背景下，这一年，整个化肥企业都面临着产能过剩、需求变化的困难，各个厂家都明显感觉到行业寒冬已经来临。如何突围困局、如何转型升级，成为整个行业所有企业关注的焦点。

2016年3月，南方略营销管理咨询公司受湖北祥云股份公司的合作邀请，开始了找寻祥云复合肥发展道路的智慧之行。南方略项目组经过市场调研发现了几个有趣的现象。

一、生意难做，但需求总量仍然巨大

整个化肥行业企业都觉得2016年生意难做，都觉得销量下降了。但我们发现，从国家层面来讲，不管市场如何变，我国十三亿多人口要吃饭，粮食问题是立国之本，粮食产量是无论如何都会保证的。那么，为保证粮食产量，化肥的使用功不可没，农业种植不可能不再使用化肥。随着我国人们生活水平的不断提高，粮食、蔬菜、水果及其他经济作物的市场需求总量仍然是不断增长的，从这一点看，化肥的需求量仍然非常大，整个市场的市场容量仍然巨大。不是肥料没有了市场，而是不满足发展趋势的肥料没有了市场。

二、产品仍是化肥企业生产经营的本质

经过深入的研究和分析发现，我国化肥行业从单质肥发展到了复合肥时代，而复合肥时代从原有的产品竞争、价格竞争、广告竞争向品牌竞争及服务竞争发展，化肥发展面临着复合肥向新型肥发展的新一次产业升级。在整个发展过程中，我们会发现，不管行业如何发展都离不开最本质的载体，那就是产品，也就是肥料产品本身在农业生产中的作用。

单质肥只是简单的氮、磷、钾，从低浓度的单质肥到高浓度的单质肥，满足了当时农业种植的需求。而复合肥是将氮、磷、钾组合，从而进一步更全面地来满足作物生长所需要的营养成分。但是原有化肥不合理使用造成的土壤板结、污染、利用率下降、农产品品质下降等问题越来越严重。同时，随着产业发展的深入和农业发展的深化，再对作物生长规律、作物对营养的吸收规律以及土壤的营养供应规律研究分析来看，土壤与作物不只是需要氮、磷、钾，还需要有大量的中微量元素、有机质、益生菌等改善土壤结构，提供作物生长的营养。从这个层面讲，复合肥已经不能满足作物与土壤环境的需求，此时具备既能满足作物生长的营养需求又能保护及改良土壤环境的新型肥料就成为未来发展的方向，化肥行业也将从复合肥时代必然向新型肥料时代发展。

三、绝大部分化肥企业的经营仍然是粗放式的

绝大部分的化肥生产厂家在产品方面没有真的产品研发机构，没有建立对农户及农产品消费者需求的研究，在肥料新产品的研发上拍脑袋，随意增减含量的改配方行为非常普遍。在渠道经营上，还是在围绕一级经销商做文章，没有将精力、财力和人力下沉到终端商，更没有理会农户的需求。没有建立以终端商和农户为最终服务对象与目标的体系与能力，这就导致厂家与一级经销商对终端市场和农户需求的把握不准确，再加上农资零售商以家庭夫妻店经营居多，他们的经营能力与销售能力都是最原始的、最简单的状态，生产厂家无法真正建立与农户的有效沟通与交流。所以，整个化肥销售的渠道仍然是自然销售的状态，厂家的销售能力还无法有效到达终端，无法直达农户，无法有效实现渠道功能的最大化。

四、农户对农化服务需求越来越高

从肥料产业来看，肥料要实现良好的价值，不只要求肥料本身有功效，还得会使用，好肥料还得有正确的使用方法，才能保证出好效果。就此而言，告知并指导农民正确用肥就成为肥料厂商必不可少的工作。

从走访的市场来看，专业种植户越来越多。由于目前从事农业种植的农民整体文化素质不高且种植专业知识严重不足，对农业种植过程中的各种病虫害及作物生长等种植技术难以掌握导致

种植效益不理想，农民急切需要有专业的农化服务来帮助他们提高种植水平、种植收益。但因为我国农业技术投入本来就不多，原来仅有的一些农技站、土肥站等农业服务部门，也是人才匮乏，无法满足农民种植技术的要求，农民的农化服务需求得不到有效满足。

五、作为农产品的最终消费者，未引起化肥企业的关注

化肥的用户是农民，但是农民所生产出来的农产品最终是由消费者买单，实际上左右农产品市场的是消费者，而不是农户。通过仔细分析，农产品的收益决定着农民的种植意愿，农民的种植意愿决定着用肥意愿。比如，花生价格不高，农民种了花生不挣钱，就会导致花生种少了，而花生用肥就会减少。化肥企业原来只是关注农民用肥，只关心农民增产增收，没有想到农民会增产不增收。化肥企业不能只盯着农民，应该看得更远一点，要看到消费者身上，只有农产品的最终消费者才是整个产业链的决定者。

六、化肥企业整体品牌观念不强

数据显示我国有五千多家化肥企业，而以中小型企业居多，企业经营仍然是生产导向思维——生产什么就卖什么，别人卖什么自己也卖什么的严重同质化。真正经营品牌的化肥企业不多，整个行业仍然有大量的低质产品、无品牌产品。虽然有很多化肥

企业在各种媒体上投入各种广告，但仍然停留在广告层面，整个市场的品牌意识并没有深化到企业的整个经营行为中去，只是停留在表层的品牌意识，无法建立起行业品牌价值。

七、环境问题越来越受重视

虽然我国农业生产水平持续提高，但是高耗、低效、粗放的生产方式仍然带来了资源浪费、生态退化、环境污染和土壤板结等一系列问题，已经成为制约我国农业可持续发展的瓶颈，不仅损害了广大农民的切身利益，还加剧了土壤生态环境恶化、人们生存环境的恶化。"土十条""化肥零增长""中国健康"各种有关政策，都充分地体现了国家对环境的治理行动不断升级。

新的市场环境下各种新的变化不断呈现，如何抓住市场机会点、如何创造适应新的市场需求的经营模式，结合祥云的实际情况，我们将着手从以下几个方面对祥云复合肥事业重新进行塑造，顺势而为，再造辉煌。

（1）品牌重塑，以品牌定位未来。

重新定位品牌就是明确祥云复合肥的核心理念，以指导整个祥云复合肥的工作。

祥云是以磷矿资源为基础进行一铵和二铵的生产和销售的企业，在复合肥板块上，并没有明确复合肥业务的企业使命与前景。祥云是在做复合肥，但是要做什么样的复合肥并没有明确地说清楚。在此，我们需要对祥云复合肥进行定位，即祥云复合到底要做什么。

在进行祥云品牌定位的时候，项目组的咨询顾问们发现，从工艺上看，定位于复合肥转鼓、高塔，控释肥、掺混肥有很多企业走在前面，如金正大是控释肥领导品牌、史丹利是高塔肥的开创者，祥云的产品品牌定位不能再走它们的老路。从营养成分上看，以氮、磷、钾及各种中微量元素定位的品牌多如牛毛，如第几元素、锌肥、腐植酸肥等，祥云品牌定位不能与它们一样毫无个性。那么从肥料产业发展趋势上看，"化肥零增长，化肥要控制数量、提高质量"，未来复合肥发展向高效化、长效化、液体化、功能化、生态化的方向发展，这是产业发展的大趋势。祥云产品如何定位才能走在产业发展的前沿？

就祥云的资源优势来看，祥云是国家技术创新示范企业，是以生产磷复肥为主的大型化工企业，是农业部、湖北省农业厅认定的配方肥定点加工企业，是湖北省政府重点支持的大型磷化工集团。经过十多年的快速发展，祥云股份现已成为全国最大的农用磷酸一铵、工业级磷酸一铵、高纯磷酸二氢钾生产基地之一，是中国新型肥料行业十大企业和国内全水溶性磷元素肥料最大的供应商。公司在行业率先自主开发的磷酸一铵提纯技术，成功生产出全水溶晶体状磷酸一铵，现已形成年产15万吨的生产规模。该产品起步早、规模大、质量优，是行业标准参与制订者，当前产销量稳居全国第一。可见，祥云具有高水溶性的磷资源优势。

如何将祥云的高水溶性的磷资源优势与新型肥料的产业发展趋势相结合，既发挥企业优势资源，又能站在产业发展前沿进行品牌定位呢？

在梳理产业链的过程中发现，其实真正决定用肥的是消费者而不是农民，而作为化肥农业产业链终点的农产品消费者是产业的决定者。那么，农产品的消费者在想什么？对于广大的农产品消费者来说，民以食为天。在吃饱的情况下，安全大于天，人们希望能吃到安全的食物，然后追求食物的"色、香、味"齐全。人们最终是希望享用到既安全又美味的健康食物。我们再把眼光放大到人们的生活中，幸福与健康的生活是全世界、全人类的终极追求，人们希望有健康的身体、健康的空气、健康的环境、健康的食物等，健康成为人们的核心诉求之一。

从整个链条来看，消费者需要健康的食物，健康的食物来自健康的农产品，健康的农产品来自健康的农作物，健康的农作物来自健康的土壤，健康的土壤需要健康的肥料。健康的肥料才是好肥料。

我们将祥云肥定位于健康肥，既符合中国健康的大时代背景，又符合以消费者为中心的产业发展趋势。健康肥料，祥云智造。不管未来产品配方如何变化，不管未来行业中的品牌名称如何花样百出，在祥云的品牌定位里，肥料只有健康肥和不健康肥两种。

一切养分不均衡，配方不科学，不符合不同作物生长特点，不符合作物营养需求和土壤环境需求的肥料都是不健康的；一切水溶性差，不利于作物吸收的肥料都是不健康的；一切仅有大量元素氮、磷、钾，但中微量元素、腐植酸、有机质、微生物菌不全，破坏土壤结构、造成土地污染的肥料都是不健康的；一切肥效差、肥质差，不利于施肥、不利于提高耕种效率的肥料都是不健康的；一切种出来的农产品口感差，有危害物质，让农产品品质差的肥料都是不健康的。祥云健康肥，就是要站在产业前沿，做出行业新标准。

健康肥料必须具备三大功能：

一是营养全面，吸收率高。不仅含有作物需要的氮、磷、钾三大元素，还需要适度添加中微量元素、生物菌、植物生长调节剂、腐植酸、氨基酸等多种有机质，做到营养全面，满足作物生长全过程的需求。

二是水溶性高，施用方便。全水溶，无残渣，无杂质，不浪费，冲施、滴灌均可。

　　三是改良土壤肥力，提高农作物品质。健康肥必须含有益生物菌、腐植酸、氨基酸等营养元素，能够改善土壤活性，解决土壤板结问题，调节土壤 pH 值；对作物而言，在增强其抗旱、抗病菌等综合能力的同时，还能提高农产品品质和产量。祥云健康肥将研发出健康肥的专利技术，展现健康、充满活力的品牌形象，未来产品系列将以健康云一代、健康云二代不断迭代升级，形成整个健康肥产品体系。健康肥要定位高质高价，不再像以前的产品做低价竞争，毫无利润。祥云集团就是要为了食品安全、生活健康、社会和谐贡献祥云人的智慧。

　　在品牌推广方面，以树起来、推出去为原则。树起来，祥云品牌首先在中央电视台天气预报栏目投放贴片广告，把健康肥这杆旗帜树起来，把祥云健康肥的主张喊出去。而后通过与60余家省、市电视台合作，在地方台大量播放健康肥的广告，形成中央与地方相结合的电视媒体广告造势。

　　同时实行空中打击与地面推广相结合、地面推广为主的策略，全方位立体式展开。在报纸媒体方面，《湖北农业报》《齐鲁晚报》《北方农村报》《农村新报》《中国农资报》《农资导报》《南方农村报》等专业媒体全面进行硬广与软文相结合的品牌宣传与推广。在互联网的"化肥网""中国农村服务网"，祥云企业公众号、祥云官网等展开网上品牌推广与宣传。在企业内部通过内部培训进行健康肥的定位理念、健康肥产品知识的专题培训来强化内部品牌理念传播。农化服务方面，进行健康肥示范田建设，配合农民会与观摩会的开展，以健康肥的实际使用效果为示范，用农民兄弟推荐健康肥并进行健康肥知识传播。线下的销售终端进行门头、条幅、海报、杆贴、易拉宝、墙体广告、终端的生动化等多种形式的品牌推广，从线下进行全面、直观的品牌传播。制定健康歌、健康操，把健康用肥的理念编写制作成歌舞，以健康运动的形式进行健康肥的品牌宣传，并在2017年进行健康操大赛，全面引爆"健康生活"的主题。

整个健康肥品牌的传播坚持以"健康肥料、祥云智造"为核心，不断地重复和宣传，不断地强化，一个声音反复诉说：只有健康的肥料才是好肥料。以推动新品上市和促进销售为目的，以"健康"为核心，进行健康生活、健康种植、健康用肥理念、健康肥知识的传播，推广健康大话题全系列的"全民健康成长计划"。通过一系列的立体推广活动，全面推动祥云健康品牌的传播与推广，进行从产品到服务的深度品牌运作。

南方略项目组提交的整个品牌产品策划与宣传方案获得了祥云集团从董事会到各级员工的极大认可。祥云集团立即行动，花巨资在中央电视台的天气预报栏目投放了贴片广告。此时，代表祥云复合肥品牌理念的健康肥大旗正式展开。

（2）新品突破，以产品打造未来。

在明确产品品牌定位的基础上，祥云股份联合华中农业大学科研团队，成立祥云作物健康管理研究院：研究不同作物的不同区域的生长特性；研究相同作物不同区域的生长特性；研究作物的生长期的管理；制订针对作物的配方、植保方案、施肥方案；保存研究成果，建立翔实档案并持续更新、扩容。成立祥云土壤健康管理研究院：研究不同区域不同土壤的特性；研究不同土质的内含物质；研究不同土壤的施肥方案；研究不同土壤与作物的结合方案；保存研究成果，建立翔实的档案的并持续更新、扩容。

根据健康肥定位理念，推出了首批多种配方的高档健康肥料产品。主要有硝硫基健康肥（14-6-25、26-9-9、22-9-9）、小麦专用健康肥（14-18-11、19-16-10）、高塔全水溶健康肥

（19 - 19 - 19）和包膜长效缓控释健康肥（25 - 12 - 8）等。在这些产品中，祥云健康肥除了具有氮、磷、钾三大元素外，还特别添加了中微量元素、生物菌、植物生长调节剂、腐植酸、氨基酸等多种有机质，营养全面，满足作物生长全过程需求。祥云健康肥有机质含量超过5%、水溶性磷占比超过90%、生物菌含量每克突破0.2亿，而重金属含量则低于生态肥料标准。祥云健康肥在技术层面首先推出了同行企业难以达到的几个技术指标。未来，祥云以健康肥专利技术为基础，积极引进国际先进生产技术，制定出健康肥的技术标准，成为健康肥真正的规则制定者。

2016年6月份，8款新品上市并召开了首次新品发布会，在新品发布会上，举行了祥云历史上最为隆重的千人大会。

2016年11月16日，再次举行了"云健康、云财富"中国肥料"健康"时代行业高峰论坛暨湖北祥云（集团）化工股份有限公司2017营销峰会。在此次峰会上，祥云集团、中国农科院、华中农业大学、中国农资传媒、中国新型肥料网五家行业代表共同点亮璀璨夺目的水晶球，隆重宣布中国健康肥发展联盟正式成立。联盟组织的成立是为了打造从农资产品到农业产品的全程健康保障平台，是为了加快中国健康肥研发推广，促进节能减排和保护环境，确保中国健康肥的规范化、标准化和可持续性发展。接下来，联盟会将借助研发、生产、推广、宣传、应用的资源联合优势，通过技术论证、推广总结、行业会议论坛、新农人培训、农业调查等措施全面开启健康肥的推广征程，助推健康肥迅猛发展。

中国健康肥发展联盟的成立，预示中国健康肥进入新的时代，将极大提高中国健康肥的市场竞争力，促进健康肥的产业升级、为推进中国减肥增效事业做出更大的贡献。

（3）渠道重构，以渠道做实未来。

化肥厂家的销售仍然离不开渠道，而对于祥云来说，渠道方面还在一级经销商层面，还没有把工作做到终端商这一层，祥云一方面需要通过合作投资等方式巩固与经销商的合作关系，另一方面要下沉终端做大户。我们知道终端商是离农民最近的一个环节，而农民购买肥料都离不开终端，特别是他们非常依赖终端商的产品推荐与服务支持。同时，终端仍然是进行品牌宣传的最有效的窗口，也是实现厂家与农户沟通和信息交流的一个平台。围绕以终端商为中心，进行品牌传播、产品推广、产品销售是必不可少的核心工作。

在主抓终端的同时，还要盯住种植大户。土地流程加速后专业化种植越来越多，而他们未来将会成为我国农业生产的主力军，他们不仅是现在的用肥大户，需要重点服务，同时他们还是带动产品销售形成示范作用的意见领袖，大户的作用不可小视。

所以在渠道销售模式方面，建议祥云采用驻点聚核模式，以聚集核心资源建设核心市场为原则。以核心经销商为中心，协助经销商进行终端商拓展，进行产品销售、市场推广，农化服务达成销售目标，实行推广线、销售线、服务线三线一体的销售模式，实现渠道精耕，厂商联合下沉终端做市场。

驻点聚核模式操作"九步走"：配置人员车辆，划分市场销售区域，选择优质一级商家，协助拓展终端网络，规范终端形象建设，签订三方合作协议，开展一田两会推广，售前、售中、售后服务，达成销售任务目标。

所以祥云的渠道工作从原有的一级经销商下沉到终端商，抓终端、抓服务，同时抓种植大户。以核心终端为中心，打造乡镇样板市场，以样板市场带动县级市场，打造出百吨店、千吨镇、万吨县。

在渠道建设中，以祥云万吨县样板市场建设为切入点。通过样板市场的打造，提升祥云系列产品销量，增加市场占有率；增强两级经销商信心，增强厂商黏合度；提高企业知名度与品牌市场占位；为万吨县打造提供样板与方向，夯实基础；建立万吨县标准体系，便于固化与快速复制。

在乡镇样板市场的操作中，进行乡镇和终端市场的规划，对各个市场的作物、种植面积、销售计划进行规划。明确适合当地市场的产品结构，哪些产品做主力产品、哪些产品做辅助产品，制定大单品健康肥、专用肥、套餐肥的具体配方、销售政策，以适合当地市场并保持强大的竞争力。为了实现对样板乡镇市场的打造，成立专门的万吨县样板市场领导小组。对各组长和成员进行明确的分工，对管理人员、业务开拓人员、推广人员、农技服务人员、后勤人员进行定人定岗，并明确各自的工作责任与义务。在乡镇样板市场的打造中，对试验肥、包装、宣传单页、宣传海报、条幅、易拉宝、门头物料、促销用品等资源分配到店、分配到人，按天、按周、按月操作与检查，保证具体工作执行到位。大力支持样板市场建设，各项宣传费用、促销费用，示范田、观摩会、农民会等市场操作费用实行单列支出，优先提供，以保证样板市场的顺利建设。

为了成功打造样板市场，祥云采取了相应的核心策略——产品聚焦。产品聚焦、网点分销确定拳头产品，迅速帮助经销商把产品分销到各核心网点；针对核心作物启动示范田建设；试验示范、信任为先，确定作物与示范户开展示范田建设，让示范户看到产品效果，初步建立信任感；测产观摩、眼见为实。组织召开观摩会，现场测产，用数据说话，示范户与专家现身说法，让用户眼实心踏；会议营销、产品分销会打通零售商环节，产品农民会打通农户的环节。

一推一拉，立体营销产品正向运作：代理商—零售商—农户，顺向营销，步步推进；产品逆向运作：从农户下手、逆向营销；电话、短信、微信铺天盖地，高效的数字化营销；利润调动终端销售积极性，广告刺激、促销推广拉动用户购买，推拉结合，节省资源和时间；点面结合、实点势面终端客情、示范户建设要做得认真、标准、系统化，并实实在在地推广，最大限度地实现口碑告之；终端内外广告宣传及农化宣讲不断在面上造势，放大效果与影响力；过程管控、团队作战在这个过程中必须集中所有资源打地头战、歼灭战，制定严格的奖惩制度，不断复盘与总结。

样板市场的市场推广同样全面开花：内部推广、内部会议总结不断宣讲，总结失误；召开经销商、零售商会议及其他零售终端会议进行效果宣讲与评估，并带动其他乡镇终端；会议推广在推广会与农民会中，就战斗过程与成绩进行宣讲，典型代表与终端、示范户现身说法；结合视频与图片滚动播放宣传；实物宣传海报、单页与产品手册在经销商、零售终端张贴发放；乡镇重要街道粘贴与悬挂祥云××样板市场建设成功的条幅；线上传播网站就祥云样板乡镇的建设过程，取得的成绩，经销商、零售终端、用户的感受以视频的形式进行线上播放；通过各市场产品群（QQ群、微信群）推进，以点带面，快速传播；在行业期刊、杂志进行广告宣传；整合本地样板市场其他专家、土专家、专业户、社团、基地等，进行口碑传播。

整个样板市场将通过导入期、战斗期、复盘期、评估期、固化期、推广期、复制期几个阶段逐步有序地展开。

（4）服务为上，以农技服务未来。

祥云为了更好地服务于农民，在售前、售中、售后全方位服务的基础上，以农业技术服务为中心，通过组建总公司的专业农化服务团队，进行专业的农技师培训来提高农化服务人员和销售人员的农化服务水平。同时，采用总公司农化服务团队与聘请当地农技服务人员相结合的方式组建各地农化服务团队和体系。在未来条件成熟的情况下，组建农化服务公司，全面开展各项农化服务工作，把祥云农化客户服务中心的功能放到最大，以服务带动销售，实现农业服务商的新角色定位。

（5）产业整合，以产业链布局未来。

在进行品牌定位的时候，祥云就分析过整个产业链条，从矿、肥、种植、农产品、农产品深加工、食品的各个环节来看，链条的联动性越来越强。以某一个点向上或向下延伸的产业链一体化经营越来越强，行业中从矿企转向肥企，从肥企转型种植、农产品加工的农业企业开始涌现。站在祥云的矿产资源优势与复合肥产业的角度看，将利用祥云品牌的整体优势，在上游资源上，与国内外强势品牌和产品进行合作，实现优质资源（原料）和优质产品的整合，打造肥料的高品质优势；在下游环节上，为祥云经销商、终端零售商提供包括农资快讯、营销快报、价格情报、行情瞭望等服务，为农户提供农机服务、农化服务、农产品信息、农产品初加工及销售等农业种植和农产品加工领域整合服务，形成链条化发展，加强联动，降低产业波动的影响，提高祥云的整体盈利能力。

（6）优化组织，以体系建设未来。

一切经营活动都离不开人、离不开组织，为了配合新的发展战略的要求，祥云复合肥从组织结构层面进行优化。

对于销售系统来说，原有的单一渠道品牌组织无法完成销售目标，必然要实行多品牌分渠道操作，销售系统成立专门的多个销售事业部，各个事业部根据三个品牌的不同定位，进行差异化的品牌与渠道操作，这样既能保证品牌的差异性，又能促进渠道销售，从整体上进行全产品、全渠道的覆盖，形成稳固、稳定的渠道体系。

为了强化产品的重要性，改变以前由领导根据经验和市场热点决策做新产品的配方，没有具体、科学的市场调研，没有从作物、土壤、消费者、农户、竞争对手等方面进行产品配方的可行性分析与研究，没有进行产品线的长远规划与运作，也没有进行系统化的新产品推广策划与管理，导致整个产品体系杂乱无章，无突出的主打产品，无新产品更替的局面，改变开发新产品的随意性、无意识性。南方略建议祥云集团把产品研发上升到战略层面，成立独立的产品研究中心，建立研发机制，与外界大专院校、科研机构合作，进行系统有序的健康肥新产品的研究和开发，特别是要强化以健康肥为理念的产品研发，保证健康肥产品的先进性和唯一性。与此同时，研究中心还要进行现有产品生产工艺与生产技术的改良，更新生产设备，加强对生产工人的生产技术培训，提高生产效率、生产质量，切实解决行业中普遍存在的产品板结、粉尘、颗粒不均等问题。

在组织的工作流程方面，全面梳理原有工作流程，明确各个部门和岗位的职能与职责，特别是在跨部门协作上，通过流程优化解决多头管理、管理无序的问题。

在提高组织效率方面，推行科学的考核制度，实现全员参与的经营管理，提高生产、销售、市场、综合服务等部门员工的工作积极性。打破原来只针对销售人员以销售业绩进行考核而其他部门员工没有考核的状态，实现对销售最迅速、最全面、最有力的支持，达到全部面向销售、面向最终客户服务的最佳状态。

在信息化建设方面，在进行流程优化的基础上，通过采购专业的 ERP 系统来实现公司内部与外部的有效链接，利用现代互联网技术解决公司内部各个部门联络时间过长、衔接不畅的问题，同时通过信息系统进行客户的订单、付款、结算等业务服务工作。原有的传真下单、人工做单的模式退出了历史舞台，ERP 系统大大地简化了工作流程，极大地提高了工作效率，更重要的是提高了市场反应速度与能力，提高了客户满意度，提高了整个组织的管理能力。

（7）人才储备，以人才成就未来。

祥云现有销售团队 200 余人，要完成"十三五"的规划目标，人数要到 1200 人以上，那么构建人才体系就成为祥云发展的重要任务。

企业的竞争最终是人才的竞争，企业的发展最终也是人才的发展。为了保持企业的可持续发展，在人才建设上也需要有适合自己的人才梯队，特别是对年轻队伍、年轻骨干的培养和储备，必须纳入重点人才建设之列。说到底，人才发展就是要解决三个问题：员工的数量、员工的素质、人才梯队建设。

解决员工数量问题，实际上就是员工的来源问题。在现有情况下，以祥云所在地而言，祥云的收入水平处于中上水平，在当地具有较强竞争力。对中基层员工而言，招聘不是问题，主要是部分中高层人才在当地很难找到。而祥云的收入水平在同行业属于中等偏下的水平，在寻找外部人才的时候，就会出现成本高、外来人员不适应企业文化很难较快融入团队的问题。那么，在外部人才进入难的情况下，只有通过内部解决，而内部解决的唯一办法是企业自己培养人才。从培养人才的利弊来看，企业自己培训人才的周期较长，但对企业长远发展有利。企业自己培训人才，能在人才的忠诚度、企业文化的认同与融入方面具有较好的基础，有利于保持团队的稳定性与持续性。不管是解决员工的来源问题，还是员工的素质问题，实际上都离不开员工的学习成长，而培训就成了团队建设中的核心工作。

祥云集团要解决人才成长问题就必须在员工培训、员工的学习成长上下大功夫。建立独立的培训学习组织和培训机构，组建商学院，打造员工素质提升和人才梯队建设的"黄埔军校"，为祥云集团的快速发展提供最坚实的人才资源基础。

我们都知道每一次的产业变革都是在痛苦中重生。在化肥行业寒冬中存在困境也同样孕育机遇的风口上，我们期待祥云集团经过从外到内的企业重塑化茧成蝶。我们也期待祥云集团能够最先抓住健康肥的发展机遇，开创更加广阔、灿烂的新天地。

第二章　农资行业的互联网之路

第一节　农资企业开展互联网电商的八大理由

虽然"互联网+"或农资电商已经在行业火热了近一年的时间，但是真正从事农资电商或"互联网+"战略转型有具体动作的厂家还是凤毛麟角，绝大部分农资厂家还在观望中，或者也在大会上喊几句口号。大致出现了以下五种情况：

一是像田田圈、农一网率先学习电商，最早投资和采取行动。

二是像农商1号半推半就的，说没干已干了，说干了也没干出个样的。

三是做了点摆设，办了个公众账号，或APP，或商城，也说干了的。

四是天天说田田圈没新东西、农一网不接地气，天天说做电商或互联网企业坏话，农资产品根本不可能线上卖火的，也就在做一件事：等待这几家企业出事。

五是观望，在等待和看看农资电商到底会发展成什么样的。

今天，我不会给你一个答案——"田田圈模式、农一网模式、牛我我模式等一定会成功"，但是，我一定要给你一个非常肯定的答案，那就是：不进行互联网转型的农资厂家将被经销商抛弃。中国农资企业开展互联网电商的八大理由如下。

一、高效解决产业链与需求链的痛点

整体来看,当前农资行业信息不对称、不通畅,数据积累少,数据分析和应用缺乏,导致农资产品生产、流通及技术服务效率低下,缺乏金融参与,企业难以做大做强。

(1) 产业链——厂商的痛点。

一是产能过剩。厂家多、产能大、产品同质化严重,造成资产闲置,产能不能释放。

二是分销力弱。优质大量产品不能够通过高效的分销到达农户的手里。

三是服务力弱。厂家专家资源严重不足,农化服务团队十分薄弱,种植户得不到科学、及时、高效的专业指导和培训。

四是管理费高。依赖传统的会议管理、拜访管理、现场管理等,增加了供应商的人力成本和管理费用,盈利能力普遍低下。

五是信息化弱。缺乏来自市场一线的大数据;缺乏农户购买行为、种植结构、购买水平的了解与分析,众多产品不适销对路,既造成供应商的研发成本高,又造成库存居高不下。

(2) 需求链——经销商的痛点。

一是农资市场赊销严重。由于农业生产季节性和周期性的特点,农民通常习惯赊销,经销商回款难、坏账多;更多精力不是放在怎么做好市场上,而是放在催收货款上,担心收不回来伤神,焦点放错了;本是高利润行业,因赊销占用资金或坏账损失,将利润牺牲在坏账上。

二是盈利困难。农资市场产品同质化严重,缺乏高端、前卫、有竞争力的优势代理品牌,价格战频发,市场混乱,采购与人力成本越来越高，费用也大，盈利能力越来越差。

三是资金短缺。融资困难，经营资金短缺，资源有限，制约生意做大。

（3）需求链——农户的痛点。

一是农资产品购买成本高、风险高，农民缺乏专业知识，识别产品能力弱，通常被动选择购买产品或购买假冒伪劣产品。

二是因经销商、零售商产品经营分散，卖药的是卖药的、卖肥的是卖肥的、卖种子的是卖种子的，不能实现一站式采购。

三是贷款困难、种植成本高，农户一般无抵押能力、无人担保、小额贷款利率高，规模种植没法实现，同时农村人力成本不断攀升，农资产品价格有涨无减，缺乏产业链依托，造成农户增产不增收。

四是获取农资商情能力弱，获取信息途径少，不及时、不系统、不专业，无法实现统治统防，农技服务与培训得不到保障。

开展电商，能高效解决上述产业链和需求链痛点。

首先，对于厂商，电商技术的运用有效实现产需对接。

其次，对于经销商、零售商，能解决赊销问题，改变行业游戏规则，将行业从害人害己的赊销模式转换成互惠、互利、共赢的现款模式。

最后，对于农户，通过互联网电商平台可实现种、药、肥、农机、农膜等农资产品一站式采购，丰富的商品资源和价格优势可以为农业生产者提供直接对接和低成本购买正品、高质量农资产品的便利，可以让农民免受假冒伪劣农资之害，还能让农户享受到更便利的售后服务。同时基于互联网的农资电商，有利于互联网金融信贷的开展，能够为厂商、经销商、农户解决融资难、资金紧张短缺的难题。总体来看，基于互联网的农资电商能够提供全方位的一站式的解决方案。

二、赢得未来市场竞争的需要

今天,农资行业的竞争已经转移到了下游,即服务的竞争,谁的服务做得更好,农户就会买账,从谁那里买产品。不管是"农资+互联网",还是"互联网+农资",就看谁在对经销商、零售商、农户的服务上更胜一筹,可以说"互联网+",加的就是服务。互联网做服务,更高效、更系统、更便捷、全天候、无国界。农一网的村级代购员就是保姆式服务,很好地解决了农民运用智能终端困难的问题;牛我我线上线下打造牛人圈,就是打造经济牛人、科技牛人。从农民角度,提供环境监测与控制、动植物行为监测、投入品科学化、大数据挖掘分析及应用、病虫害防治、农事任务、天气预报等服务;从经销商角度,提供物流信息、订单记录、市场价格、田地信息、品种信息、在线答疑、田间指导、信息化管理等。电商的本质之一就是从产品研发到痛点锁定,选择平台就是选择服务。

产品是形,服务是魂,产品可以同质,但服务难以模仿。传统农资市场产品同质化严重,价格体系混乱,市场竞争无序。农资产品的竞争不是要求增加产量,而是要走向绿色、环保、生态,需要更加专业的服务。农资产品是农业生产资料,不再是普通消费品,不是被一次性消费,而是要进入再生产的过程。因此,传统电商消费者看重的便宜、方便等因素已经不是农资电商最重要的衡量标准。此外农资产品光有产品说明书是不够的,还必须因地制宜、因季制宜、因作物制宜,对症下药,提供专业服务。

所以,做农资归根结底是做服务,电商的核心竞争要素来自更优质有效的服务。不论是农村电商还是农资电商，都应该聚焦服务，以服务为核心的线上线下相辅相成的农资电商体系才能形成，最终实现厂商、渠道商和用户间新的商业生态闭环。

三、全面实现信息化，提升经营效率

过去农资行业是传统手工建账，现在通过智能终端建账；过去进销存人工盘点，费时费力，现在进销存的自动化、信息化管理；过去电话、短信下单，现在是智能终端下单；过去交易结算采用现金支付，现在交易POS结算、刷卡支付、网上支付等，业务场景及流程发生了巨大的变化。

电商的优势之一是快速、便捷。发展电商，可以快速实现业务流程的自动化、信息化，让经营参与主体从大量烦琐的工作中解脱出来，同时积累经营数据信息，有效提高企业经营效率、效益和竞争力。因此，开展农资电商是农资行业信息化发展的内在要求和必然趋势。

四、连接用户，建立大数据

传统农资行业，流通环节多，中间渠道臃肿。过去农资厂家与终端用户（农户）割裂，信息流通效率慢，与用户连接不紧密，无法全面掌握用户需求，因而造成产需不对接。

现在农资电商是厂家连接用户的有效平台，通过流量、交互、数据等优势，帮农资企业减少营销等成本，实现产品直销、以销定产、按销定制的销售模式和精细化管理。同时农资电商可以通过用户激励与会员政策，加强用户黏性，用户转化率高，重复用户增多，能及时了解用户需求。

开展电商，可以建立一线大数据：农户数据、种植结构、种植面积、用药用肥水平、用药用肥习惯、测土配方、积温带等生产使用过程中全方位的数据。

利用电商平台积累的用户大数据，可以充分挖掘大数据的价值。通过对大数据的分析、挖掘、利用，可以指导企业经营，精准生产，开发定制化的产品，从而真正做到以市场为中心，以客户为导向。

五、提升经销商和零售商的凝聚力

目前经销商对农资做电商、做互联网质疑的确实很多，犹豫的也很多，不少认为时机还很不成熟，但是，他们也在观察合作的厂家是否有规划、是否会有动作。做，厂家还没想好、没打算。但是一点想法都没有的，经销商认为厂家太保守，没跟上时代，对这样的厂家更是没信心。经销商、零售商开始采取行动了：主动与其他厂家联系，主动联系其他电商厂家，主动去占位。经销商普遍认为在电商、互联网上不作为的厂家的观念落后，认为厂家没有能力做好电商或互联网，这样的厂家面临经销商凝聚力、向心力减弱以及严重流失的问题，经销商被互联网厂家抢走了。

互联网是趋势，已达成业内共识，经销商、零售商也在考察、观望、等待、学习，他们害怕错过趋势和机会，害怕被时代抛弃，同时也积极参与电商，或主动联系厂商，或寻找互联网巨头，或自立门户主动拥抱电商。电商的发展趋势，迫使经销商、零售商转型升级。

农资电商不是颠覆传统的渠道模式,而是充分利用和创新。经销商、零售商作为连接终端用户的纽带,起着至关重要的作用。充分整合线下经销商、零售商是目前农资电商发展的重点。要把传统的渠道商变为电商的服务商,让他们直接对接种植户,用一体化的种植方案帮助农民解决问题。因此,农资行业开展互联网电商,能快速凝聚经销商、零售商,更好地为农民、农业生产服务。

六、让农户省心、省时、省事、省力、省钱

为了农业生产需要,农资购买成了农户消费结构中的重要支出,占比40%,合理的农资价格、购买方式、物流配送、农技服务是农户购买决策的重要考虑因素。我国城乡二元结构,导致数字鸿沟出现。上网条件差、不会上网成为农户获取信息的主要瓶颈,从而造成了信息不对称,农民无法做出有效判断。传统农资市场上,当产品到农户手上时,价格已经翻番或翻了几番,购买成本高昂。同时农民为了购买农资,要自备交通工具,去最近市场购买,还要预防买到假冒伪劣的产品。

互联网的开展能有效消除信息不对称,摆脱时间和空间的限制,通过网络终端下单、咨询,农户省心、省时、省事、省力、省钱,不再为农资产品购买所累。

省心:通过互联网电商,信息透明,货比三家,质量保障,信誉保证,农民放心。

省时:通过网络下单、支付结算,节约交易时间和成本,快速便捷。

省事：通过互联网学习，掌握药肥知识、植保知识、病虫害知识、种植技术等，学习成本低。

省力：通过互联网电商，线下配送中心和服务站，能快速到货，不再为物流所累。

省钱：通过互联网电商，缩减中间流通环节，能购买到性价比高的农资产品。

七、解决农户资金紧张的问题

农户购买农资主要是为了农业生产，而农业生产具有季节性、周期性特征，通常是春季买农资、冬季卖农产品。随着土地流转进程的加快，大户、专业户规模化种植成为趋势，农户购买农资资金数额巨大，往往是等到农产品销售后才予以回款，因此造成了传统农资市场赊销严重。

目前种植户贷款困难，因为农村的征信过程很困难，银行很少放贷。农资电商布局互联网金融服务有着天然的优势，提供贷款或互联网P2P金融服务可以有效缓解农户购买农资资金紧张的问题。在诸多农业服务领域中，农业企业互联网布局中不可或缺的一环是金融服务。

八、适应农业生产的"五化"需要

我国农业发展至今，正逐步走向农业现代化阶段。随着农业信息化及现代科学技术的运用，农业生产呈现规模化、集中化、机械化、信息化、生态化发展的特征。互联网及电子商务技术的发展加速催化了这一趋势，农业加快转型升级，农业生产更加高效。

随着我国土地流转的加速推进，农业生产经营主体也发生变化，从分散小农户逐步转变为种植大户、农业合作社、家庭农场、农场、林场、基地、农资公司等。下游用户的集中，渠道扁平化趋势不可避免。农资企业传统的"厂商—经销商—种植户"渠道流通模式正在发生转变，农资将进入大户直供阶段。

当土地越来越集中化管理，农业生产的要求也逐步提高，农业生产开始从分散化、粗放化走向规模化、集约化、机械化、专业化，人们就会注重农资产品质量、价格、种植成本和技术服务，而农资电商就显得越有价值，农资电商符合土地流转趋势和"一站式"服务的要求。电商模式的优势是低价、便利，能有效减少中间环节，有效连接产品和服务。通过电商，农户能优选性价比高的农资产品，快速获取农事商情信息，获得专家的专业指导，最终服务于农业生产。

第二节　农资厂家要快速进行互联网转型

今天绝大部分经销商，甚至绝大部分零售商认为互联网、电商就是未来农资销售的大趋势，也就是小米雷军所说的风口。他们不知道农资电商、互联网会不会成功，但是，他们都非常害怕错过这个发展机会，害怕没有搭上这趟"高铁"。他们大部分人就是来自农村，他们就是有了一点财富的个体户，甚至有的是年销售收入过亿元的大老板；他们的学问确实不高，但是他们常说"个人干不过组织，组织干不过政府，政府干不过趋势"。他们都知道摩托罗拉很惨的故事，他们都是用过诺基亚手机的客户，他们害怕出现诺基亚今天的结局，害怕自己是另一个"智能手机"代替"功能手机"的翻版。他们都知道微信，都知道腾讯很有钱，都知道马云是阿里巴巴的老板，都知道淘宝一年卖好多货，知道很多年轻人现在不去实体店买货，而是在网上买产品，还知道马云因为搞电商成了中国首富。一句话，农资经销商和零售商不管多么土，但是他们相信趋势，害怕错过趋势。

众多农资经销商和零售商到处进行电商、互联网的接触与学习。如果多参加几个厂家举行的经销商的新产品发布会、招商会、培训会、客户座谈会、秋季促销会、预收款会，如果多接触一下经销商们，你会发现，他们确实不了解，但是，他们却非常好奇，对互联网感兴趣的程度超乎你的想象，他们到处听课、到处交流学习、到处打听、到处考察，对行业做电商、互联网的了解程度其实超过了你，这就是农资经销商、零售商。

众多农资厂家的经销商、零售商已经加入了红红火火的田田圈或农一网。你是做化肥的、做种子的，农药不是化肥、种子的同行，诺普信也不是你的竞争对手，但是，你的经销商，甚至是很多很大的经销商已经加入了田田圈、农一网，他们已经交了钱，有的已经装修好了门店在营业，有的已经交了钱正在装修，有的正在接触洽谈，谈得差不多就差交钱这一步，有的已打了电话……

田田圈在全国上千家的店已经开业，农一网的加盟县也是到处开花，网贷员也是偶有相见。没有一个人敢断言田田圈、农一网将来发展得怎么样，但是，大家觉得是一个机会，不管是做农药的还是做化肥、种子的，很多厂家、经销商、零售商已经加入了田田圈、农一网。

众多经销商已经在做电商、互联网创新。今天，有思想的经销商多得是，他们爱接触新生事物；有实力的农资经销商众多，很多县有过亿元销售额的经销商，通过十几年、二十多年的积累发展，网络、资金、团队、植保专家、车辆、实力具有相当的基础，盈利能力甚至超过很多厂家。经过多年发展，也探索出了很有竞争力的商业模式。厂家可以不做互联网转型，但是经销商不会等你，他们也要勇立潮头。

综上所述，互联网已不是农资厂家选择做不做的问题，答案只有一个：必须得做，还需要快速实施，否则，经销商凝聚力、向心力严重减弱，快速严重流失。今天互联网带来了二次创业的机会，厂家和经销商都要选择趋势，换道超车，需要重装系统，重新出发。不快速进行互联网战略转型的农资厂家必将被经销商抛弃。

【案例4】 农一网的电商模式

作为南方略公司的创始人,前两年回老家探亲见到发小,发小告诉我他现在的主要精力是练麻将技术。为什么?发小告知:夫妻俩每年种20多亩水稻,除去购买昂贵的种子、农药、化肥等农资产品外,农忙时还需要请人,人工费一天要一百多元,还要管饭、管烟,有的还要酒水,而水稻的收购价格也只有2.2元,夫妻俩面朝黄土背朝天,累死累活忙下来,一年净收入都不到2万元——种地赚不到钱,还不如把麻将技术练好赚钱。这就是我们的农民。

为什么中国的农民赚钱那么难?因为中国的农资产品价格贵,玉米比国际市场高出0.4元、小麦高出3.5元、稻谷高出5.5元……三大主粮总体高出30%~40%。粮食实施托底价收购政策到现在,开始出现小农户不赚钱、大户赚钱艰难的局面。

非常欣慰的是,成立和运行才两年的农一网,取得了可喜的成绩。

一、农一网打破了行业传统利益结构,实现利益的重新分配,真正让利于农民

中国农资产品生产流通是"原料供应商—生产厂家—批经销

商（一二批经销商）—零售商—农民"，生产与流通链条非常长。比如，制剂产品众多企业低于35%的毛利就不生产，从生产厂家到零售商环节，层层加价，结果农民把产品拿到手时，白菜成为肉价。每个环节有每个环节的价值，大家都要吃饭，经销商要规模利润，零售商要单件利润。过去没有互联网技术还真的是这样，但是，今天有了互联网，农一网正是看到农资产品传统分销渠道过长这一弊端，第一时间借力互联网实现电商网上销售，直接面对一定规模以上的种植户、农场主和零售商销售产品，完全可以压缩通路、减少渠道层级，自然就不存在"雁过拔毛"的现象。购买农资产品不到实体店也能买到，再也不用开车跑几十里地，打开电脑、打开iPad、打开智能手机就可以下单，十分方便，未来可以24（小时）×7（天）服务。农一网的草甘膦一吨卖一万多元，不是农一网人笨到不知道赚钱，主要是没有了层层加价，价格就这么多，优质优价的优势十分明显。

农一网的电商模式其实很简单，就是"网上平台+县域工作站+签约代购员+终端或种植户购买"。网上平台做销售；县域工作站主要职能是仓储、物流配送及技术服务，全国2800多个县，现已经完成800家工作站的建设。网上销售平台是窗口，县域工作站是农一网的桥梁，代购是农一网的基石，零售商是最好的签约代购，新农人、种植户、农场主都是签约代购的好人选，"领地独享，圈地为王"的提出更是保障了县域工作站和签约代购的地盘，也保障了利益。在农一网的模式中，网站、工作站、代购员的职能做了清晰的分工。在传统的流通渠道中，经销商、零售商更多是贸易销售的功能，利润来源是产品价差，饥一顿饱一顿，既有暴利产品又有亏本产品，而农一网的工作站、代购员的利润是佣金，盈利来源完全不一样，佣金透明、稳定、有保障。

为什么农资国际巨头纷纷封杀电商？为什么到今天为止，大家对农资互联网、电商的质疑不断？特别是否定大于肯定，因为农一网、田田圈带来的是 2600 年来中国农资行业销售与流通结构的第一次真正意义上的变革，销售与流通的结构变了，利益分配也随之改变了。大家都深知：变革的核心就是利益的再分配。利益的再分配，必然会动一些既得利益者的"奶酪"。

二、农一网改变行业的销售习惯与消费习惯，创新了行业交易环境与交易条件

压在中国农资行业身上的"三座大山"，特别是农药行业，那就是库存、退货、应收款，很多农资企业一年下来其实是潜亏，赚的一点钱就在库存和应收款上。究竟是什么原因造成的？赊销。借用网上的一篇文章《农资人，没有赊销，就没有伤害》："说起卖农资的酸甜苦辣，每个人都有一肚子的故事。山穷水尽，柳暗花明，跌宕起伏，八面埋伏……说出来个个都是精彩纷呈，惊心动魄。没货愁货，有货愁销，销了愁账。从头到尾一个'愁'字贯穿卖农资的整个环节……赊账农资人每每凑到一块，七嘴八舌都在痛说赊销的苦，账难收，钱难要。念叨完这赊货欠账的苦，问以后还赊不赊了？回答总是不赊不行啊，都是老客户，你不赊，人家不买你的，客户不都走了吗？只能尽量少赊。跳不出的怪圈，走不出的恶性循环。"

今天，农一网断然向赊销说不，杜绝赊销；即使领导个人同意赊销，系统也过不了，流程也不可能走下去，因为一切是网上系统在操作。农一网改变了行业的销售习惯，从赊销到现款操作；改变了零售商、种植户的消费习惯，从赊账到现款购买。在整个链条中，让大家把更多的时间花在服务上，也增加了彼此的

信任度，不用晚上睡不着，也用不着猜忌谁。营销人都知道"常常是赊销的客户会流失""赊销把好客户变成坏客户"。更重要的是，整个链条上没有把坏账损失通过加价转移到农户身上，而是提高种植成本。谁说农资产品不赊销卖不了，农一网不是销售了4亿多元吗？

3月至9月为农资行业的旺季，厂家、经销商、零售商都陷入了"旺季铺货、年中调货、年底退货"的三部曲中，库存占用资金大，农药厂家年底退货低于10%的就算管理水平很高了。今天，农一网网上下单，小批量、多批次，交易时间、交易条件完全改变了。用多少、订多少，一年365天，不分时间、不分场合，不会浪费。在农一网上下单，就可以推翻压在行业人士身上的"三座大山"。

到今天为止，还没有发现哪一家的农资产品甚至包括国际巨头的产品在全国终端是同一个零售价，但是，为了统一品牌现象，减少顾客购买机会成本，农一网就统一零售价，如一瓶200ml的草甘膦零售一口价2.78元，成为行业价格风向标。

三、农一网正品溯源，透明产品供应链，突破行业"混沌"的游戏规则

我在这里要直言，中国的有机产品卖得非常不好，甚至说是失败的。为什么？因为消费者不相信，凭什么说你的产品是有机的、绿色的？消费者根本不信任本土的有机产品，一个重要原因就是本土企业没有把农资产品种植或养殖过程透明化。铁骑力士集团执行总裁李全说："把养殖、种植过程透明化是建立农资品牌、农产品品牌信任的最佳途径。"

通过近两年的运作，已经看出农一网在产品创新上驾轻就熟。比如，通过草甘膦、草铵膦、毒死蜱等大众化的爆品打开通路，通过"一品"如全摆平、杀敌灵及福满门等专利和高附加值的产品解决作物效果问题，通过神联组合——3%噻霉酮+50%咪鲜胺铜盐、福旺组合——能百旺+福满门等提供傻瓜式作物解决方案套餐，在产品供应上极大地满足了全国不同区域、不同种植户及农场主的需求，不但产品正宗，而且颇有章法。

作为一家电商销售平台，农一网已经整合了行业50多家90多个农药产品，规格270多个，近期还有优质的水溶肥即将上线，采取直接采购后进仓库的方式，建立了严格产品准入机制，"正品+溯源"成了农一网非常硬气的名片，也许这就是互联网电商巨大的信息优势、大数据优势。产品从订单到顾客手中都有信息追踪，打的是"信息战"，现实中的大部分农资厂家、商家手工建账还十分盛行。农一网"透明"了整个产品供应链，也就找到建立品牌信任的最佳途径。

说农一网已经成功为时尚早，但是，敢于突破、勇于重新定义行业的壮举值得我们点赞。不破不立，大破大立。"自知胸中兵百万，强者自胜李树旁"。

正如农一网创始人之一、副总经理王兴林所说："农一网是一个新生事物，才刚刚开始，遇到的挑战和困难很多。但是，再难再多，也没有红军二万五千里长征遇到的困难多，红军长征有强大敌人的围追堵截，有恶劣的自然条件与环境，还有内部意见不一的激烈斗争。农一网还在路上，会矢志不移、坚持到底，我们当作事业做下去，坚信一定会在不远的将来胜利会师。"

【案例5】 田田圈借力"互联网+"实施战略转型

从卖产品到金融、产品、技术、服务、应用及客情维系全价值链的打穿,打造"互联网+农业+金融"生态圈,快速实施"互联网+"战略转型。

"互联网+"不是互联网的盛宴,而是互联网与传统产业的相互辉煌,越来越多的传统行业及企业加入"互联网+"的队伍,"三农"也不例外。诺普信作为一家国内第一、唯一一家以生产和销售农药制剂的2008年中小板上市公司,行业内的佼佼者与创新引领者,自然也不例外,从2015年开始就着力"互联网+"转型,引领"三农"转型。

一、田田圈——吹响"三农"进军"互联网+"的号角,打响行业洗牌第一枪

田田圈,一个融合"互联网+泥土气息"的名字,就是诺普信将要构建的一个集合了生产供应商、运营商、经销商、零售商、种植户,涉及农资服务商、金融机构等的互联网生态圈。诺普信将通过田田圈改变现有的农资销售模式,用互联网思维重新塑造市场,打造独具"三农"特色的互联网生态圈,为"三农"

产业一系列问题及发展提供专业、系统的解决方案。总体上，田田圈系统利用 O2O 模式打造了线上和线下六大平台，通过各方分工协作打通和优化了线上线下各利益者，实现了业务协同、专业互补、利益共享，构成了整个新生态模型，如图 2-1 所示。

线上	① 金融融资平台P2P	农金圈
	② 电商销售平台B2B2C	农集网
	③ 作物解决方案推送平台	田田圈APP
线下	① 渠道终端销售平台	田田圈
	② 技术服务平台	作物达人PCA
	③ 农户维系平台	会员制

图 2-1　传统农业与现代农业对比分析

田田圈整体上分为线上和线下两部分，线上拥有金融平台农金圈、电商平台农集网和解决方案平台 APP，线下分为终端实体零售店田田圈服务中心、种植达人和会员制度。利用互联网的线上传播优势把吸引用户的实用、有效的信息和服务支持项目通过网络传达给互联网农户，吸引农户到线下实体终端店去体验和消费，做到线上和线下贯通，实现业务支撑。

二、田田圈——最大的农资分销平台

线上部分，诺普信打造了网络农资分销电商平台——农集网（如图 2-2 所示），农集网形成了线上的从企业 B2B 销售给零售商，再通过 B2C 由零售商卖给农户的电商模式。该网站于 2015 年 3 月 31 日进行公测，目前农集网只是开放了对合作零售商的注册权限，面向公众的购买功能还没有被开放，估计以后会逐步对外开放。据悉，农集网公测仅 17 小时成交额就接近 1.5 亿元，受到广泛追捧，当然这也跟诺普信原本就拥有的硬实力有关，公司本身销售网络健全，服务工作站和终端颇多，所以 1.5 亿元的成交额也不足为奇。

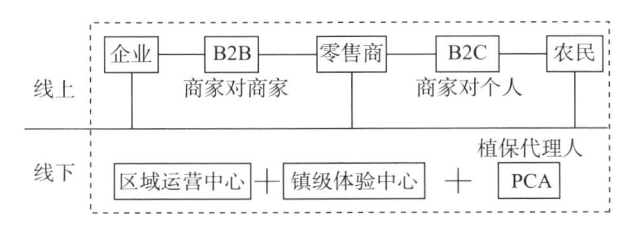

图 2－2　农集网电商模式

诺普信基于移动互联网打造的手机应用程序——田田圈也已进入测试阶段，作为农集网的补充，定位为 B2C 终端农户互动服务平台，该款手机应用程序拥有全国 200 余人的权威专家服务团队、800 个体验店以及 1000 多个服务配送点。除了可以提供在线服务咨询业务解决农户实际问题外，其中的亮点功能包括：可提供实时的农业气象信息、农情监测与灾害预警，还有保险功能，即联合地区保险公司将用户的种植风险降到最低。在互联网工具运用上，诺普信渴望形成手机 APP、PC 电商平台互相补充的较完善格局，打造兼具专家咨询、农资分销、农资终端服务、农产品销售等功能的全链条 O2O 体系。

三、田田圈——线上线下的融合

线下借助原有分布全国的网络销售系统，构建完善的物流配送及服务终端系统，形成乡镇区域运营及体验中心，并配备专业的农业种植达人和专家技术团队提供专业的技术相关服务。

加盟田田圈需缴纳加盟费，但同时会返部分费用用来当作开店所需资金。那么问题来了，为什么要花钱加盟田田圈？先来看一下具体的实际情况，到实体店你就会发现田田圈店面内外都有统一的形象设计，各类农资产品都是分类摆放、整齐有序、明码标价、现款交易、直接入账，不能赊销。以前零售店里的商品都是五花八门，零售商卖的商品来自很多家经销商，而一个经销商也同时拥有很多不同生产厂家的产品，所以最后集结到零售店里也是杂乱无章的。而农资销售很重要的一点就是对品牌的信任，对于一个未知的品牌，就算配方是一样的，农民也是不敢轻易尝试的，他们只会从信任的人手里买信任的品牌。

现在到了田田圈店里，零售商只会销售加盟了田田圈的经销商代理的可信品牌和诺普信的相关产品，从之前的鱼龙混杂变得规范化，在质量和信任上有了保障，并且还提供相关的配套服务。比如，技术支持帮助，告知不同农产品的用法、用量及使用时间等。而且价格低廉，产品价格平均下降了20%，主要是因为田田圈改变了以往各级层层代理加价的模式，和经销商合作共同出资建立服务中心，并让零售商加盟成为员工，使得销售渠道更加扁平化。以低价为切入点，有的田田圈开店不到两个月销售额已突破80万元，而据其负责人称，去年一年的销售额才30万元。不止一家，多家田田圈中心店都传出销售额翻倍的好消息。

四、田田圈——国内首家农业互联网金融平台

金融是经济发展的血液，对此，田田圈提供了针对性的支撑型平台——融资平台农金圈。2015年3月19号，诺普信农化股份有限公司与深圳农金圈金融服务有限公司在深圳签订了《深圳农金圈金融服务有限公司增资协议》，诺普信公司将以自有资金

1750万元参股农金圈获其35%的股份，并通过农金圈公司的农发贷互联网金融平台募集资金，通过众筹、风投等方式，将募集的资金以P2P的形式直接借款给农户，并且将自己的产品通过经销商卖给农户，解决了农户采购需求和资金困扰问题，还提高了销量，提高了客户对公司的黏性。我画了一张图来帮助大家更直观地弄明白农金图是怎么运作的，如图2-3所示。

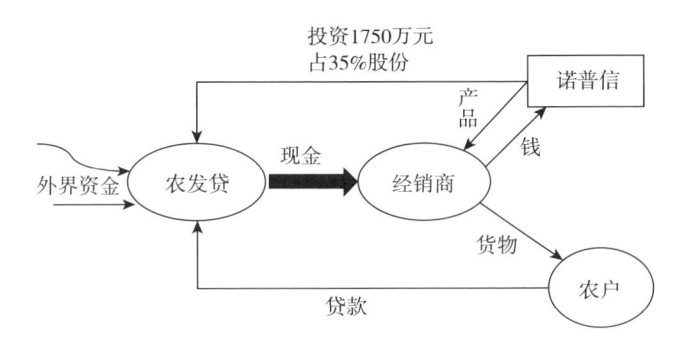

图2-3 融资平台农金圈

从图2-3可以看出当农户资金短缺时，可以通过零售商或者经销商寻求农发贷借助资金，农发贷通过考察农户具体项目答应贷款给农户。但是农发贷并不把农户借来的钱直接交给农民，而是交给经销商，经销商拿着这笔钱去购买诺普信的农资产品，而且是只能被允许购买诺普信的产品，然后经销商再把买来的诺普信的货物交给农户并让其使用。就这样，诺普信通过这一过程重构供需关系，通过互联网的特性集合并利用了社会上的闲散资源形成新的供应，不仅帮助解决了客户的资金需求问题，还解决了自己的产品销售问题。

南方略董事长刘祖轲观点：汽车、机械设备、房地产及高铁等都是借力金融行业才做大的，不借力金融的行业都是不能做大的行业。今天，互联网给各个行业借力金融提供了最大可能，互联网和金融犹如腾飞的两个翅膀。今天田田圈、农金圈在农化行业率先实现了"互联网+农业+金融",行业洗牌真正开始,让我们拭目以待。

总之,"互联网+"现已成为我国各行各业未来发展的大趋势,同时也带动了新一波的创业浪潮,创客、孵化器的不断增多也为未来"互联网+"的发展道路提供了有利的条件。诺普信就是在发展道路上有着独到的眼光,利用田田圈打造了这个O2O全方位对接农户需求,包含产品、技术、金融、销售、服务、应用及客户维系的互联网新生态系统。利用农集网的扁平化渠道、优惠的价格、APP专业的服务拓展了销售渠道和服务渠道,给农民带来便利和实惠。线上拥有的农金圈融资贷款绑定并销售产品,使得线下拥有田田圈服务中心、种植达人以及利用会员制绑定客户的各个平台更具有吸引力,促使客户体验和消费并享受更加稳定和升级的服务,把业务直接做到农村,使农民掌握作物的解决方案。通过现有的农资分销定时定量的模式和农村市场区域定价的特点,有针对性地打造了包含产品、物流及服务的各类能力,打通了线上线下,最终形成了更贴近农村市场的新生态链闭环,努力"让种植更轻松",如图2-4所示。

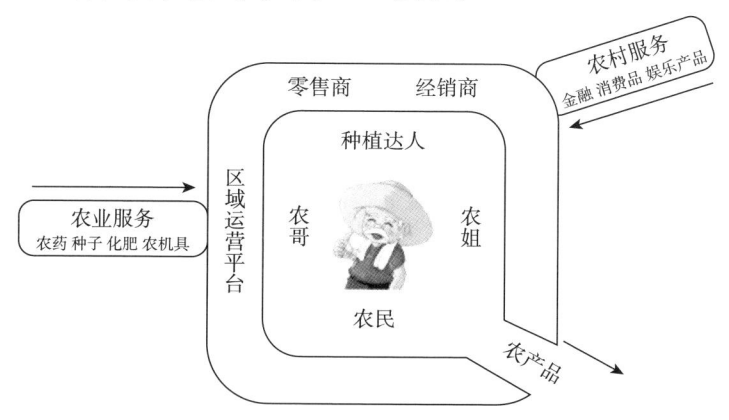

图2-4 田田圈:让种植更轻松

刘祖轲认为：诺普信借助"互联网+"，以互联网企业为主导的逆袭创新为其开拓了转型的道路，绝大部分企业仍然停留在最原始的卖产品阶段，即只提供产品价值。但是，田田圈却转型升级走上了"卖产品＋提供作物解决方案＋电商＋渠道终端体验销售＋植保技术服务＋客情维系"六位一体的全价值链打穿，即实现金融价值、产品价值、方案价值、服务价值、关系价值的全价值链提供，又一次走在了行业乃至众多行业的前列。

许多企业也在尝试向"互联网+"转型，但如何有特色和差异化，诺普信的田田圈毫无疑问成为值得学习的标杆——产需对接、金融参与、线上线下、四方联动、六大平台。

第三章　新农资行业营销策略

第一节　新农资成功营销的五大关键利器

深圳瑞德丰是一家 1995 年成立的农药制剂企业，通过十多年的发展已经成为年销售额 10 亿元的上市公司，成为国内农药制剂企业的绝对标杆；四川九禾公司主营化肥和化学品销售、复合肥生产、民用燃料等，2007 年销售额突破 60 亿元；四川铁骑力士饲料、重庆建峰化肥、广西田园农药等一批优秀农资企业近几年高速增长。无论农药、化肥还是饲料、种子等农资行业，成功一定有着行业自身的必然规律，这些优秀企业无疑都是营销十分成功的企业，因为它们准确认识与掌握了行业成功营销的关键要素。

中国的农资市场从早期供销社的"一统天下"，到市场经济时期供销社、农业部门、生产企业的"三足鼎立"，再到加入世贸组织，国内企业与外资企业的"楚汉之争"；农资营销也经历了从生产观念到营销观念、从关系营销到绿色营销、从连锁论到品牌论等营销理论的转变。可以说，农资市场风起云涌，市场竞争激烈，南方略公司认为农资成功营销的五大关键如下所述。

一、产品

"成功的产品 + 成功的营销 = 成功的市场"，好的产品是市场成功的基础，是企业安身立命之本；没有好的产品可能会成为短跑冠军，但是绝对不可能会成为长跑冠军。

（1）产品有好的功效。

农资产品的用户即农民，农民面朝黄土背朝天，一切收入就是渴望田间地里或饲养的产品有好的收成，朴实的农民不懂产品，但是，他们知道产品使用后产生的实际效果。农民第一次听从经销商或零售商的推荐购买了产品，但是效果不好，就绝不会成为回头客。产品是专业性的，但效果是农民能够感受到、看到的，好产品给农民带来好的经济收益，是实实在在的。含量不足、缺斤少量、假配方不被法律所容，也不被市场所接受。

（2）产品有好的包装。

让包装说话，好包装就是好的广告。国外产品不仅功效好，包装无论是用材还是外观设计都很高档，因此农民认为包装好的产品公司有实力。再加上农资产品主要是通过渠道商销售，渠道商往往对包装好的企业与产品有信心，愿意主推，高端品牌就应该有高档包装成为行业共识。那些包装差、设计风格乱、形象弱的厂家在竞争中处于劣势、被动挨打的地位，将被市场淘汰。

（3）产品有好的卖点。

在农资行业中产品同质化现象十分严重，产品多得使农民没有办法识别；厂家多和产品多是农资行业的典型特征，以致经销商不知道推哪个厂家和哪些产品。企业要想在市场竞争中脱颖而出就必须做出不同，形成差异化，形成自己的产品特色。铁骑力士在其他厂家做颗粒饲料的时候，推出新型一代高油饲料"油多多"，"喂猪加油"成为行业经典广告语，创造了行业销售奇迹。

（4）做好产品定位与产品线规划。

瑞德丰在经济作物上高举高打，成为行业领导品牌，广西田园把自己定位为水稻农药供应商，明确占位，2007年业绩达5.5

亿元，成为水稻农药第一品牌。山东侨昌在除草剂方面做专，从而做强，形成了独特优势。产品线长，什么都想做，结果什么都做不好，这是农资企业的一大通病。

二、渠道

农资产品主要还是通过渠道商分销，从生产厂家到中间经销商再到终端零售商形成了一整条价值链，相互分工协作、相互影响。厂家争夺经销商、抢占终端资源的趋势有增无减，对渠道的管理已经成为重要的营销活动。要做好农资产品营销就必须做好渠道建设与管理，主要做好以下几个关键点。

(1) 渠道要向密走。

一个县总有 3~5 家有实力的经销商，厂家往往选择 1~2 家经销商，另外几家经销商在干什么？他们正在卖竞争对手的产品！事实已经很清楚，企业不是被竞争对手打败的，而是被竞争对手的经销商打败的。可口可乐为什么卖得多，因为不论是百货商场、大型 KA，还是路边的小店都在经销它。农资企业有太多的空白市场和薄弱市场，不论是经销商还是零售商，渠道覆盖不够、数量不足。只有提高分销率，强化市场覆盖，产品才有更多的机会进入市场。

(2) 渠道要向量走。

说渠道覆盖不够，不等于经销商数量少，有的企业一个业务员跟 30 多家经销商，结果是每家销量不多，业务员非常辛苦，还得不到渠道商的尊敬，为什么？因为给渠道商的销量和利润贡献率低。厂家在渠道商那里受推广的重视度，与厂家产品给渠道商利润贡献度成正比。厂家要成为渠道商的主推产品，就必须在渠道商那里上量，提高贡献度，从而提高渠道商对厂家的依存度。

（3）渠道向下走。

渠道扁平化，大力开发县级经销商，重点市场直供乡镇，做好终端，已成为行业共识。很多厂家的渠道还是太长了，县级经销商和乡镇一级终端的建设十分薄弱。九禾公司把市场建在一线，做主渠道，掌控终端以获取快速发展的经验值得学习与借鉴。

（4）渠道向封闭走。

所谓封闭，就是全程管理。

一是价格的封闭。厂家产品出厂价比对手低有竞争力，但是经销商和零售商无标准加价，结果零售价比对手高，相反缺乏竞争力，原因就是厂家对价格缺乏全程管理。

二是对零售商的选择与开发。厂家任由经销商确定零售商成员，导致成员质量低下。

三是经销商权的管理。要求渠道商专营专卖已成为大趋势，天盟农资连锁、重庆816农资连锁已形成良好的品牌形象。

（5）渠道向管理走。

厂家产品销售不好，原因是经销商销售不好，经销商之所以卖得不好，原因是零售商卖得不好。所以，厂家销售不好，原因不在自身而在渠道，厂家需要对渠道支持、帮助、辅导、培训，进行经营突破，还需要进行利益管理，因为渠道商追求的是单个利润，而厂家追求规模利润，这就要进行利益管理，激励管理、成长管理、忠诚度管理等都是渠道管理的重要内容。

三、营销队伍

由于农资产品受区域、种植结构、养殖等因素影响差异明显，技术要求强，用户农民素质不高，广告和媒体宣传具有很强的局限性，可以说大众传播事倍功半。目前农资营销最有效的仍然是人员营销，技术推广和农化服务广泛开展也深受用户欢迎，要做好农资营销就需要建立一支强大、高素质的营销队伍。

(1) 打造职业选手队伍。

农资产品对技术的要求越来越高，要求营销人员掌握产品知识、专业知识、现代营销理论知识、营销技能技巧、现代礼仪等知识。不懂得专业与技术的营销人员无法与渠道沟通交流，也不能把产品特色和卖点准确地宣传出去。让业余选手出局，打造一支职业化的营销铁军是农资企业的必然选择。

(2) 营销队伍的专业化分工。

绝大部分厂家的业务员是一个销售人员、物流人员，他们的工作几乎是找客户、推荐品种、订货、安排发货、货物验收、收款等，常常忘记自己还有营销人员的职责，他们很少有时间做促销、宣传及技术推广。业务员不做营销工作，销售就是无米之炊。很多厂家的业务员集区域经理、推广经理及产品经理的职责于一身，十分辛苦，各方面工作都做不到位，把销售、促销推广、农化技术服务进行专业分工已成为必然趋势。

(3) 打造团队精神，提高凝聚力。

很多厂家的销售团队精神差，缺乏凝聚力、向心力，销售队伍各自为政，成功经验无法分享，缺乏沟通交流与氛围，士气、斗志不高影响精神面貌。如何以老带新，运用新鲜血液激活整个团队成为不少厂家需要解决的重大课题。深圳瑞德丰三个月冬季大练兵，重庆建峰化肥利用夏天设备大检修期间强化销售团队培训，铁骑力士商学院等为农资企业培训与打造有战斗力的队伍树立了良好的典范。

四、促销

农资生产厂家众多,竞争越来越激烈,以农药行业为例,我国有大大小小的农药厂 2600 余家,品种万余个。厂家之间为了争夺有限的市场,促销方式更是花样百出,促销也成为诸多厂商提升销量的终极武器。促销需要做好以下几点。

(1)把握促销时机。

在农资市场,时间就是金钱。比如,一家饲料企业效益好,生产能力小于销售能力,企业没有做过促销。后来不行了,其他企业后来居上,企业慌了。销售人员没有不抱怨的,人家企业促销做得多好,农民买一包饲料可以得到一件文化衫,经销商做大了组织去国外考察。那时候有几个饲料经销商出过国呀!企业一想,这不是很难,他也做。于是,跟在屁股后面做促销。江南每年 6—8 月是农忙时节,农户都忙着双抢,养殖业是淡季。企业想,淡季一定要刺激农民,促使农民购买产品。该企业制作好了文化衫,文化衫后面是产品广告语,前面是企业标识,很漂亮。到了 7 月底,销售人员从市场回来又向企业抱怨,怎么这么晚才给市场发放促销品,别人早就做了。原来竞争企业在 5 月底就将文化衫全部发放到位,农民在双抢时根本没有时间去购买饲料,他们几乎都在双抢前先购买好饲料,那时你的文化衫还在加工企业做呢。这个案例告诉我们,促销一定要掌握好时机。

(2)把握促销类型。

促销有告知型促销、竞争型促销、沟通型促销、排空型促销等,要结合公司营销的阶段性目标与任务进行准确安排。目前,农资企业对促销的开展形式单一,甚至出现销而不出的局面,即不做促销。促销是营销的重要工作内容，农资企业营销业绩的好坏在相当程度上取决于促销科学运用与水平的高低。

（3）把握促销关键点。

淡季把促销对象锁定为经销商，特别是一级经销商。在淡季，聪明的企业眼睛紧盯着经销商的仓库和口袋。将竞争目标定位于经销商的流动资金和仓储能力，产品能够占据经销商的仓库和流动资金，因此在市场回升时，自然就抢占了先机，并且给对手快速进入设置了壁垒，因为任何一个经销商的资金和库存都是有限的。市场回升期，起关键作用的是二级批发商和零售商。在淡季即将结束旺季即将来临的时候，首先要获得货架，得货架者得天下，"寸架寸金"。旺季促销最直接的目的就是在短期内迅速提升本企业产品的销量和市场份额，其次才是长期的品牌培养和建设。

促销关键三点——准、快、利。准，就是促销要找准市场结合点和增长点制定促销政策；快，找准目标市场后制定和实施促销政策的速度要快，如果在过程中瞻前顾后、犹豫不决，在大谈促销政策的功过是非时，市场机会和季节已经悄然逝去，再完美的促销政策也是事后诸葛、纸上谈兵；利，就是要有利可图，促销产品的盈利能力要强，除非是新产品上市或市场导入期，亏着本搞促销，赔本赚吆喝的促销政策还是少搞为宜，量力而行。

五、基础管理与过程管理

（1）做好基础管理。

目标管理、计划管理、预算管理、预测管理、绩效管理、激励管理及流程管理是农资企业必须做好的基础管理，比如，农药行业病虫害受气候影响变化快，销售时机稍纵即逝，如果企业不做好预测管理，把握市场机遇，错过市场机会，常常造成货到市场已无市场，销售不出去，导致退货和库存积压。

（2）做好过程管理。

宇田化工是一家生产水稻农药制剂的公司，成立于2004年，2006年销售额2500多万元，2007年销售额3600多万元，但同比库存从670万元增长为720万元，企业库存不断增加，资源浪费严重，企业发展前景堪忧，公司老总忧心忡忡。后来公司邀请南方略咨询公司诊断才发现，原来企业营销团队缺乏基础管理和过程管理，营销团队下市场没有目标、计划，业务员采用放羊式的粗放管理，不清楚是否"去了该去的地方、见了该见的人、做了该做的事"，没有了解市场信息，没有系统规划产品销售与生产，盲目生产、铺货，一年下来挣回来的钱全部是库存。

一家农资企业基础管理和过程管理不过关，一年结束就很难盈利，会赚一堆的应收款及大量的库存。总的来说，企业要抓好六大过程管理：

一是安全：货物和货款的安全。

二是高速：应收款周转次数多。

三是高效：高销售额，低退货率，低库存。

四是低耗：销售费用的低耗。

五是持续：产品生命周期的可持续发展。

六是优价：在终端具有竞争力的价格。

第二节　新农资厂商如何开展"据点营销模式"

一、粗耕十亩不如精耕一亩

我们发现众多农资企业的业务团队数量其实一点都不少，业务员数量很庞大，但是，"不产粮"或者说投入产出比很低，严重不匹配，即典型的增人不增效。问题出在哪里，出在做法上、出在模式上，即传统市场的做法就是厂家一个业务员负责的区域市场很大，业务员的时间几乎花在车上、路上及床上，没有时间下沉终端做市场。一句话，是"跑市场"而不是"做市场"。"跑市场"，就是浮在面上，做表面文章；"做市场"，就是沉到底部，下大功夫、下真功夫，干苦活、干脏活、干累活，是真正的"你在田头看，我在田里干"。

打个比方，寿光的大棚菜，其模式就是精耕细作，占地不多，但收入很多。有些农民种地，种地面积大得不得了，要农药没农药，要化肥没化肥，结果亩产很少，要靠大面积播种才能产生一定收入。

排兵布阵，打仗是有战略、战术的，如阵地战、游击战、地雷战，同理，做市场也是有不同操作手法、不同模式的。今天，农资行业经过几十年发展与竞争，行业产能严重过剩，种植户的痛点与需求也发生翻天覆地的变化。今天，"跑市场"就是白跑，厂商必须转向"做市场"。

南方略公司认为，模式不对，努力白费；模式对了，事半功倍。农村市场是一个广大的、不成熟的市场，如果企业只是简单地将产品分销给渠道商，让渠道商单打独斗，去销售产品，是不会有好的效果的。其实，今天经销商最讨厌的业务员就是一上来就谈目标、谈任务的业务员。经销商完成任务不是问题，问题是经销商怎么完成任务，企业必须与渠道商结成伙伴关系，业务员必须指导、帮助及协助经销商做市场，并监督渠道商运作市场、管理市场、销售产品，渠道商帮助企业分担物流、销售压力，形成多赢的局面，这种营销模式的形成，需要企业探寻农村市场新型营销的做法。

而据点营销就是企业为了使区域市场得到充分开发，挖掘区域销售潜力，下沉终端做市场，实现销量最大化的目的，派驻营销团队在当地市场进行长期、深入、精细化操作的一种营销模式。企业围绕大经销商成立若干据点团队，采用运动战，以经销商为据点，对周边30~100公里的市场进行运作，打破以往大区划分的方式，完全以客户规模大小决定据点团队的数量和大小。这样既能保证区域市场的开发深度，又能保证大客户的市场管理能力，以企业的市场运作能力带动客户的市场管理能力，是实现企业、经销商双赢的营销模式。

二、据点营销模式人员与资源配置

据点营销是公司为了达到区域市场的深度营销，实现销量最大化的目的，派驻据点团队在当地市场进行长期的、深入的、精细化操作。据点营销市场运作如下。

（1）据点市场业务负责制。

业务负责人对据点市场的营销目标完成、据点团队管理和提升、业务发展负直接责任。

（2）据点市场管辖区域。

据点市场包括重点县（1~2个）和非重点县（4~8个），具体区域根据大客户划分。据点团队必须做到重点开发重点县，兼顾非重点县的要求，每个县的营销业务工作都必须有具体负责人。

（3）据点团队基本工作要求。

营销团队能开发和管理经销商，协销和管理二级终端，能组织推动农化服务、农户促销和整合传播的团队。

（4）据点市场人员编制。

以县为单位，如果一个经销商销售2000~3000吨复合肥就需要配备1名业务员，销售5000~6000吨复合肥就需要配备2名业务员，销售8000~10000吨复合肥就需要配备3名业务员等。业务员协助经销商做深、做透，下沉终端做市场，开展服务终端陈列、理货、市场推广，开展三会两田、收款，既是公司的业务员又是经销商的业务员。业务员从跑市场到做市场，以据点营销实现粗耕十亩不如精耕一亩的目标，让业务员成为能为客户提供增值服务和有效沟通的客户顾问，同时构建学习型营销团队，内部信息与知识、经验共享，不断提高业务素质和服务能力。

（5）基本配备。

每个据点营销团队配备1~2辆车。

全套宣传和促销工具——电脑、投影仪、音响设备、背景布、麦克风等。

系列配套工具——各种宣促物料（POP、促销礼品、气模、专用光盘、宣传页、手册）齐全。

在重点县设立据点市场办事处，租赁能够办公、住宿的专门场所。

三、据点营销模式市场操作关键点

（1）点面结合。

营销人员和车辆、宣促工具统一调配。首先，集中人力、车辆做好驻扎大客户的市场开拓工作，形成据点营销的样板。其次，以据点为样板并快速向周边渗透。

（2）分散作业与集中作业相结合。

主要目的是提高作业质量、相互学习、提高技能。

据点市场的重点工作，农民会、订货会、观摩会、试验田、示范田等工作均可采用集中作业的方式。具体由大客户的业务经理负责提出申请，据点负责人审批。据点负责人根据实际需求灵活安排集中作业的时间和人员。

据点市场必须集中召开月例会，群策群力，共同讨论据点市场的营销策略，取长补短，相互学习，发挥团队智慧。

（3）服务式营销。

主动服务：不仅仅是应用户的需求提供服务，还要主动上门帮助分析和解决用户的问题。

定点服务：营销人员不是打一枪换一个地方，而是与用户结成稳定的服务关系，明确每个营销人员的"服务责任田"。

深度营销：深入一线提供服务，真正抓住用户出现的问题，提出真正有价值的解决方案。

全程服务：不是仅针对用户生产经营的某个环节提供服务，

而是将服务贯穿用户的整个供、产、销过程。

个性服务：不仅仅是采用统一的模式对所有用户提供相同的服务，还要确确实实针对用户的个性化问题提供"量身定做"式的服务。

全员服务：服务不仅仅是营销部门的职责，从公司的研、产、销到各职能部门都必须围绕用户展开工作。

(4) 采取科学的管理方法。

计划：据点营销团队的每个人都必须填写周计划和月计划，作为营销人员每周/每月开展营销工作的依据和销售公司、分部督导与检查、考核的依据。业务员制订周计划和月计划必须和经销商协商。

执行：营销人员和经销商认真落实和执行周/月计划，如遇到问题和特殊情况需要及时向据点市场负责人汇报、沟通；业务员就日工作计划每日与经销商沟通一次；及时改正营销工作中出现的问题。

检查：公司和据点市场负责人通过周/月计划检查工作的进度，通过工作标准和工作流程核查工作质量，并对业务员进行绩效考核分的评定工作。

反馈与改进：及时解决和反馈据点市场发现的问题，并提出需要改进及需要总部支持的事宜。

第三节　新农资渠道建设七大对策

农资行业里"老大不大"的竞争格局多年打破不了，根本原因就是厂家"制造商"特征有余、分销能力严重不足。"制造商"，言下之意，具有很强的制造能力，产能大，也具有一定的研发能力，研、产、销一条龙。但是，销售能力往往很弱，销售能力很弱最严重的又体现在渠道建设上。大家都知道基本的营销理论说要做好销售首先要做好4P，从现状来看，厂家在第二个P即渠道建设上是最薄弱的。笔者一直认为农资行业过了渠道建设这一关的厂家数量非常有限，众多优秀厂家在产品研发、产品概念创新、作物解决方案、套餐、技术服务、品牌打造等方面发力，这几年下足了功夫，取得的成效也是有目共睹的。企业在渠道建设上也是做过多次且大胆的创新，但是，渠道效率仍然低下，渠道质量不高，没有达到企业的预期，可以说渠道建设的短板十分明显。

中国高速公路建设已经超过12万多公里，中国经济高速发展一定程度上得益于高速公路，然而农资渠道几乎处于"国道"的状态，还不是"高速公路"，"国道"就意味着效率低下，"高速公路"就意味着高效。农资厂家渠道建设与提升不足，似乎都不能通过渠道推动销量的快速增长，不能通过渠道拉大与其他"兄弟"的市场差距。

南方略认为本土农资企业在渠道建设上的主要问题及应对之

策如下。

一、增加终端数量

渠道存在问题一：分销率严重不足。中国330个地级市、2800个县（市）、近5万个乡镇，但绝大部分厂家的经销商数量严重不足，即分销率严重不足，市场没有有效覆盖，不是厂家的产品不好，而是农民没地方可买，想买但买不着。农资厂家所合作的经销商数量太少，众多市场处于空白区。

应对之策：增加分销率、增加经销商数量、增加零售终端数量。每个厂家都需要好好盘点一下自己拥有多少个一级经销商、多少个零售终端，并且需要的是"夫妻式"的经销商。太多厂家根本没有建立这一数据库，也不知道有多少个终端。

娃哈哈一级经销商数量超过5000个，有10万个二级分销商、300万个终端。我们知道众多种、药、肥厂家运作了多个品牌，但还要增加经销商的数量。无论快消品还是农资产品，本质是一样的。渠道建设的首要任务就是渠道数量最大化，"让卖产品的地方都有自己的品牌"。

二、选择最优化

渠道存在问题二：渠道质量参差不齐，有的经销商能力太差。农资经销商实力南北差异大、东西差异也大，每个厂家的经销商质量严重参差不齐。有的厂家开发经销商时选择随意性大，经销商水平良莠不分，"挖到篓子里都是菜"。笔者参加了众多厂家的经销商会议，发现有年销售额近 2 亿元的经销商，也有年销售额几百万元的经销商；有的早已成为大款，孩子在欧洲、美国读书，在海南、深圳有房产，在美国也有房产，而有的处于"黎明前的黑暗"，还在为温饱奔波。

应对之策：一个经销商是否对厂家忠诚，取决于厂家对经销商生意的贡献度。假如一个经销商赚钱的 5% 来自于某个厂家，他会对这个厂家忠诚吗？绝对不会！如果赚钱的 80% 来自某个厂家，他会不会对这个厂家忠诚？想不忠诚都难。经销商是否听厂家的，就要看店内生意的占有率。

一是开发经销商时要花时间、精力找到适合自己的经销商。

二是帮助经销商提升，培训经销商，使经销商上量，使经销商跟上厂家发展的步伐。也就是说做好渠道最优化，"让每一个有自己品牌的终端都能够卖产品"，没有卖出去的产品并未实现销售，只是进行了仓库转移。我们需要每一个经销商、每一个终端能卖货、会卖货、卖得多。

三、支持与帮扶

渠道存在问题三：渠道成员极其不稳定。经销商往往是多个品牌的代理商，最多是一个主营商，现在专营的经销商有了一些，但少之又少。厂家每年对经销商的销量增长都有要求，不达标的经销商的更迭比较频繁；经销商也在观察各个品牌，"不想在一棵树上吊死"，有实力的经销商可谓"脚踏几条船"，在多个厂家中博弈以获取最大的商业利益。出现了厂商合作不稳定的局面，有的厂家局部区域甚至出现经销商一年一换的现象，小的经销商看不上，大的经销商又驾驭不了。众多厂家可以说因为频繁更换经销商带来了市场销量的巨大下滑，或者销量多年停滞不前，市场拱手让给了竞争对手，真是交了不少学费。

应对之策：优化、调整经销商一定要慎之又慎，要建立稳固的厂商关系，背后是信任。渠道变了那么多，到最后发现还是离不开经销商，有的厂家甩开经销商直接做零售终端、甩开经销商直接做基地大户。实事求是地讲，到今天为止，还没有哪一家农资厂家具有这样的实力与能力。对经销商要"动力＋压力＋活力"，帮扶、培训、支持、协销才是出路。

四、厂商一体化

渠道存在问题四：利益驱动的交易色彩过重。一手交钱一手交货，简单、松散的利益交换关系在农资行业尤其突出。维系厂商合作的主要纽带就是赚钱，当然，多年合作感情也深厚。经销商也是哪家产品利润高就重视谁、主推谁，以赚钱为宗旨，有的经销商年底要参加十几个厂家的年会，为什么？与每个厂家都要保持好关系，都想合作，都舍不得丢，看谁的新品好、政策好。

应对之策：农资行业主要是利益驱动的"交易型渠道"，要调整为"管控型渠道""一体化渠道"。经销商与厂家合作要达到五赚：赚钱＋赚成长＋赚客户＋赚品牌＋赚快乐。厂家必须研究让与自己合作的经销商比与竞争对手合作赚的钱更多，同时还要多个维度提升与经销商合作的质量，提升满意度、忠诚度。

五、稳定与坚持

渠道存在问题五：渠道模式变换过于频繁。南方略通过多年的服务发现，其实农资厂家也是对自己渠道模式与建设极其不满意，每年一大变，从省级代理调整到地市级，又从地市级调整到县级，在很多市场直供终端。行业著名的六国"驻点直销"，诺普信在广东、海南的直供终端零售店 AK 模式，现在史丹利、鲁西在基地市场的直供，可以说渠道模式调整很多次了。

这验证了一句话："唯一不变的就是变。"龙头摆动了，龙尾还没有摆起来，结果龙头又要摆了，可见这种变革的结果不会好到哪里去。变是好事，但是不能使经销商无所适从，不能使经销商丢掉对一个厂家的信任，更不能丢掉市场对一个品牌的信心，也不能使本公司业务员不知所措。众多农资厂家在渠道模式变革中，不是把渠道越变越好，而是把经销商的信任给变丢了，经销商目前对厂家最大的感受就是不信任。新产品不敢推了，刚推开怕又不合作了、又给其他家经销商了、又要扁平化了、又要直供大户了，怕合作了又被取缔，怕当下做法还没做好新玩法又来了。

应对之策：经营也要讲品质，品质的背后是稳定，没有重复哪有稳定。渠道建设要给市场、经销商传递一个声音。挖井不要挖坑，坑再多，坑里的水来自天上，不下雨、下雨少、风大，坑里的水很快就干了；井只有一口，但是，取之不尽用之不竭。为什么？因为井里的水来自地下，不受制于天。

六、创新渠道模式

渠道存在问题六：渠道模式传统落后。农资厂家的渠道主要是"批—零"一级差，大厂家经销商主要以县级经销商为主，虽然渠道长度大大缩短了，但是经销商盈利基本靠"价差"的方式没有发生根本改变，还是典型的传统流通型渠道。湖南的统防统治模式取得了一定成效，但在全国来讲，也是很少部分。

应对之策：农资渠道模式急需创新，快消品的渠道有22种类型，多个盈利维度的商超业态十分发达；啤酒行业的现饮终端买断也值得借鉴。厂商联营、合资、商超、区域连锁、统防统治、植保技术服务商、互联网、电商、O2O、微商等模式需要大胆引进与创新。

七、经营管理经销商

渠道存在问题七：对经销商缺乏到位的管理。厂家的业务员出现以下几种情况：

一是看不到所合作经销商的问题，不知道怎么引导与帮扶经销商。

二是看到了经销商的问题，但是没有能力引导、带动经销商改变、改善，业务员没有影响力，不能引导经销商把资源（如人、店面、仓库、车辆、示范田等）投入到本公司产品的销售与服务中。

三是业务员不具备对经销商和员工的观念、技术、产品、心态、素质、技能等提供全方位培训的能力。

经销商对所经销厂家的产品并不重视，或者不知道怎么销售等情况普遍存在。厂家总部对经销商也缺乏系统的管理，"放任自流""放养""散养"是厂家对经销商管理存在的典型问题。让经销商赚取更多的利润，目前成长管理、忠诚度管理、客户关系管理等严重缺失，需要补课。

应对之策：渠道的本质是卖货，但是如果不经营与管理好经销商，货就卖不动、卖不好。任何一个农资厂家其实是两支队伍的建设：自身营销队伍和经销商队伍，要把经销商拿到与自身营销队伍同样的高度来经营与管理。南方略领军人物刘祖轲常说："在一个区域市场，厂家不是被同行厂家打败的，而是被对手优秀的经销商打败的。"这说明了经销商对厂家的重要性，厂家比厂家优秀是没有用的，只有自己的经销商比对手的经销商优秀才会获胜。今天的市场竞争不再是"点式竞争"，而是"链式竞争"，整个链条更有竞争力的厂家才会获胜。

【案例6】 鲁西化工：2014鲁西助商惠农金秋大行动

当前农资市场竞争十分激烈，行业集中度低，大多数厂家缺乏系统化和规范化的市场策略，导致行业处于低水平和粗放性的竞争形态。在新时期下，虽然行业呈现变化，如土地流转等，但是，经销商尤其是二级商目前大部分仍是"夫妻店"模式，经营理念传统、落后，经营水平参差不齐。有的经销商年销售量过万吨，而绝大部分经销商年销量要实现一千吨都存在巨大压力；二级商的问题更加突出，有的二级商一年能实现几百吨的销量，而绝大部分二级商一年销售几十吨都十分吃力，经销商无论大小都面临如何生存、如何转型、如何发展的迷茫和压力。

化肥企业要在市场竞争中立于不败之地，一方面，必须重视自身的品牌建设，以保证品牌的持久生命力及发展力；另一方面，须由厂家主导并彻底落实厂商一体化战略，实现价值链的高效和有机整合，充分发挥价值链条中各个环节的积极性，实现整个链条的价值最大化。具体而言，实现厂商之间的科学、高效的分工与合作，开展厂家、一级商、二级商的"铁三角"的合作模式，共同、系统地为农民提供优质产品和增值服务，从当前各环节一盘散沙的状态转变为公司化运营的方式，最终自身得到更快的发展，实现更多的盈利。同时，共同为农民创造价值。

因此，正值一年的金秋之际，鲁西集团高度重视，群策群力，决定奋战100天，隆重开展"厂商铁三角共圆发展梦——鲁西助商惠农金秋大行动"的活动。本次"大行动"依托小麦、大蒜等作物底肥的销售战役，以终端为引爆点，实现企业、一级商、二级商的全面动员、全程促销、全员促销、全链动销。以地区为单位，统一召开企业、一级商及二级商的三方会议，签订三方协议；建立统一的价格体系，统一政策，鼓励专营。同时，通过本次的金秋大行动，帮助经销商转变经营方式、摆脱过去粗放的经营状态，重点帮扶一级商和二级商，让其实现轻松经营、快速发展，进而实现"你在地头看，我在地里干"，让农民更加体面地劳动，携手共同为农民提供系统化的服务。最后，开展部署培训、动员工作，使本次大行动真正落实到个人。

总而言之，通过本次"丰收梦鲁西行"的大行动，一方面，要实现秋季的销量目标和市场目标；另一方面，以此为契机，率先实现真正的厂商一体化，拉开"铁三角"运营模式的序幕。

一、秋季产品价格表

表3-1的产品价格为当前产品的执行价格，如调整则另行通知。

表3-1 产品价格表

汽运价单位：元/吨

品牌	含量配比	汽运价		品牌	含量配比	汽运价
系列品牌	12-18-15	2150	普通复合肥	鲁西黄包高磷	12-22-11	2200
鲁西加锌	12-17-16	2220		鲁西	14-16-15	2180
鲁西	12-18-16	下架		鲁西系列品牌	15-15-15	2200
系列品牌	12-20-13			鲁西	15-14-16	2220
富瑞达	12-19-14	2180		鲁西	17-5-20	2670
四季丰	13-17-15	2180		鲁西	18-9-18	2620
鲁西喜良缘	12-21-12	2180		鲁西	12-19-15	—
中盛	16-6-20	2670				
鲁西	24-11-10	2130	普通BB肥	鲁西	13-25-10	2270
中盛	24-13-8	2130		鲁西	12-26-10	2270
鲁西	26-11-8	2150		中盛	12-25-11	2270
中盛	25-10-10	2130		鲁西	12-27-10	下架
鲁西	23-13-9	2130		中盛小麦	15-17-13	2180
鲁西	24-10-8	2030		鲁西	18-15-12	2180
中盛	24-11-7	2030		鲁西小麦	15-18-12	2180
鲁西	28-8-7	2130		鲁西、中盛	18-24-6	2230
鲁西、富瑞达	24-12-9	2130		鲁西、中盛	19-18-9	2180
鲁西花生	20-13-12	2130		鲁西系列品牌	15-15-15	2180
中盛	20-16-9	2130		鲁西	30-7-8	2150
鲁西	20-17-8	2130		中盛	30-8-7	2150
鲁西	25-13-8	2130		鲁西锰动力	25-15-6	2130
鲁西中盛	15-22-8	2200		丰叶	16-21-8	2200
丰叶中盛	18-22-8	2230		鲁西、富瑞达	18-23-7	2230
中盛硼动力	26-13-7	2130		鲁西、中盛富瑞达	18-18-9	2200

续表

品牌	含量配比	汽运价		品牌	含量配比	汽运价
丰叶、富瑞达	28－9－8	2150	普通BB肥	鲁西	15－18－12	2180
中盛	30－8－8	2150		鲁西	33－6－6	2150
鲁西小麦追施	32－6－6	下架		鲁银	26－10－9	2130
鲁西小麦追施	35－5－5	下架		鲁西	26－10－10	
鲁西系列	26－12－7	2130		福瑞达	26－13－6	2130
鲁西	26－12－8	2130		鲁西	26－11－9	2130
鲁西	20－23－8	2380				
鲁西系列品牌	16－16－16	2210	氯基肥	鲁西	32－0－8	1890
鲁西、丰叶中盛	17－17－17	2310		中盛、丰叶	31－0－9	1890
鲁西、丰叶中盛	18－18－18	2550		鲁西、中盛、丰叶	30－0－5	1750
鲁西、中盛、丰叶	25－14－6	2080		中盛	16－12－17	2040
鲁西	28－5－7	1920		鲁西、中盛	15－15－15	1980
鲁西	29－5－6	1920		鲁西	29－4－7	1920
丰叶、中盛	28－6－6	1920		鲁西	15－12－18	2040
富瑞达	30－0－10	1890		鲁西、中盛	30－5－5	1920
鲁西	28－10－10	下架		鲁西	28－14－6	2210
中盛	25－15－5	2080		鲁西	30－5－7	2020
鲁西	26－14－5	2080		中盛	29－6－7	2020
鲁西、中盛氯基	15－20－5	1930		丰叶氯基	18－21－6	2100
鲁西、丰叶氯基	26－16－6	2200		鲁西、中盛氯基	18－22－5	2100

续表

品牌	含量配比	汽运价		品牌	含量配比	汽运价
鲁西氯基	28－14－8	2240	氯基肥	鲁西、中盛氯基	20－16－4	1900
鲁西氯基	20－22－8	2280		中盛	26－15－7	2200
鲁西、中盛硫基	15－15－15	2690	脲甲醛	鲁西氯基	22－8－12	2200
鲁西、中盛硫基	16－8－22	2980		丰叶硫基	17－5－23	3050
鲁西氯基	26－6－8	2150		鲁西硫基	16－5－24	3100
鲁西氯基	28－5－7	2150		中盛、富瑞达氯基	25－11－12	2490
中盛氯基	27－6－7	2150		鲁银硫基	17－7－22	2930
鲁西氯基脲甲醛	25－14－6	2350		鲁西氯基脲甲醛	20－20－6	2400
中盛氯基脲甲醛	24－15－6	2350		鲁西氯基脲甲醛	19－21－6	2400
鲁西氯基	26－10－12	2490		鲁西氯基	26－12－10	2490
鲁西系列品牌硫基	15－15－15	2370		鲁西氯基	28－10－12	2480
鲁西花生硫基	16－17－12	2370		中盛氯基	27－11－12	2480
中盛花生硫基	16－16－13	2370		鲁西氯基	28－10－10	下架
鲁西、中盛硫基	25－10－10	2320	缓释BB肥	鲁西、中盛氯基	24－12－12	2430
鲁西硫基	28－9－8	2300		鲁西、中盛、丰叶氯基	29－5－6	2150
鲁西、中盛、富瑞达硫基	24－8－10	2300		鲁西、中盛氯基	25－6－9	2150
鲁西硫基	18－7－21	2710		全降解缓释硫基	24－10－12	2730

续表

品牌	含量配比	汽运价	品牌	含量配比	汽运价
丰叶硫基	18-13-14	2400	缓释BB肥	全降解缓释硫基	26-10-12	2830
鲁西硫基	18-12-15	2400		全降解缓释硫基	26-8-8	2650
				全降解缓释硫基	16-13-16	2370
鲁西硫能双膜	30-6-6	2150		鲁西硫包衣	22-10-10	2330
鲁银、丰叶硫基	25-7-10	2300		鲁西硫包衣	24-8-10	2330
鲁西、中盛、鲁银硫基	16-16-16	2590	聊城站七厂产品	复混肥	19-19-19	2860
鲁西、中盛、鲁银硫基	17-17-17	2750		美嘉甲	15-38	2710
普通	16-46	2540		美加辛	15-39	2710
包衣	16-46	2590		颗粒磷肥	12%	640
				麦黄金	26-18-6	2580
脲硫酸氯基	26-6-10	2200	脲硫酸	脲硫酸硫基	15-14-16	2480
脲硫酸氯基	20-8-12	下架		脲硫酸硫基	15-10-20	下架
氯基脲硫酸	25-12-8	2260		氯基脲硫酸	18-20-10	2420
				鲁西脲硫酸BB肥	18-24-6	2310
脲硫酸氯基	27-5-8	2180		脲硫酸硫基	16-13-16	下架
新都、高塔硝基	15-15-15	2900	外采	江苏奥莱特	15-15-15	1820
新都氯基	15-15-15	1820		菏泽有机肥	NPK≥5%	770

续表

品牌	含量配比	汽运价		品牌	含量配比	汽运价
鲁西硫基	15－5－20	2650	腐植酸	鲁西氯基	15－20－5	下架
鲁西、中盛硫基	15－15－15	2630		鲁西氯基	28－8－7	2260
鲁西硫基	17－5－20	2720		鲁西、中盛、富瑞达氯基	18－18－18	2660
鲁西氯基含腐植酸	28－5－7	2150		鲁西氯基含腐植酸	30－5－5	2150
中盛氯基含腐植酸	29－5－7	2260				
鲁西颗粒一体	23－13－9	2300	中微量	鲁西高能氮	25－12－8	2350
鲁西高能氮	25－11－9	2350		中盛力能氮	27－10－8	2350
中盛力能氮	29－8－8	2350		鲁西黄金甲	26－12－10	2500
中盛力能氮	30－8－7	2350		鲁西黄金甲	24－12－10	2320
中盛金玉米	25－13－10	2500		鲁西黄金甲	28－9－8	2300
中盛金玉米	28－10－7	2300		鲁西黄金甲	30－7－8	2360
中盛金玉米	30－8－8	2360		鲁西麦黄金	18－21－6	2320
鲁西麦黄金	24－14－7	2320		丰叶黄金甲	25－12－8	2320
中盛聚能	15－15－15	2340		中盛锌能量	25－9－11	2290
中盛聚能	26－10－9	2290		鲁西锌营养	25－9－11	2290
鲁西金花生全养肥	22－11－10	2240		鲁西麦黄金	24－14－7	2320
鲁西麦黄金	18－20－10	2420		鲁西麦黄金	26－15－7	2380
丰叶麦黄金	26－12－7	2320		中盛麦动力	17－21－7	2320
中盛麦动力	25－13－7	2320		鲁西麦黄金	26－11－8	2320
鲁西麦黄金	23－12－10	2320		鲁西麦黄金	20－20－10	2650
鲁西	12－18－15	2300	根际肥	中盛	12－18－15	2300

续表

品牌	含量配比	汽运价		品牌	含量配比	汽运价
鲁西、中盛	16-6-18	5830	冲施肥、大量元素、腐植酸水溶肥	鲁西	14-6-30	7100
鲁西	16-5-30	7550		鲁银	15-7-18	5830
鲁银	15-6-30	7550		鲁西+TE	20-20-20	9500
鲁西TE	15-10-30	9000		鲁西+TE	16-5-30	8500
鲁西含腐植酸	15-5-20	5830		鲁西含腐植酸	12-5-18	4800
鲁西硝酸钾	13.5-0-46	6800		鲁西冲施	20-20-20	9000
鲁西冲施	20-10-30	9000		鲁西冲施肥	15-10-30	8500
鲁西水溶肥（益生根）	10-4-6	4600		鲁西（益生根）	10-4-6	4600

备注：
（1）贴牌产品在上述价格基础上优惠50元/吨、白皮或废旧包装在上述价格基础上优惠30元/吨。
（2）20、25、40公斤包装在标准价格基础上上调10元/吨。
（3）销售公司未签订合同客户加20元/吨。

2014年鲁西助商惠农十大举措：

（1）优惠价格和多种返利。

（2）统一召开二级商会议，厂家提供优厚奖品和会议费用，帮助经销商确定价格体系和提前订肥。

（3）优秀经销商出国游，"新、马、泰"在招手。

（4）梦圆清华，优秀经销商去清华大学深造。

（5）千人销售队伍大规模全员促销。

（6）央视领衔大规模全方位宣传。

（7）设库支持。

（8）银行放贷。

（9）智能E家。

（10）建设农业服务中心。

原则：

（1）体现共同成长、共同发展。

（2）体现除了产品，提供全过程、系统化营销方案。

（3）题目要有煽动性。

二、一级商秋季十大系统政策及服务

1. 秋季经销商销量返利政策

（1）享受政策的产品品种：氮磷钾含量为45%及以上或氮含量25%及以下的品种，贴牌、购买白皮或废旧包装产品除外，硝基肥除外，另行制定政策。

（2）从2014年6月17日起至2014年10月10日期间所发秋季底肥产品给予保底，价格降了给降，涨了不涨。

（3）从2014年6月17日起至2014年7月29日，期间所发秋季底肥产品数量超过去年同期销量，超量部分则给予返利每吨40元。

（4）从2014年7月30日起至2014年8月28日，期间所发秋季底肥产品数量超过去年同期销量，超量部分则给予返利每吨30元。

（5）从2014年8月29日起至2014年9月28日，期间所发秋季底肥产品数量超过去年同期销量，超量部分则给予返利每吨20元。

2. 价格体系构建与管理

（1）普通肥料价格体系：零售价 = 产品出厂价 + 运费 + 短倒

费（40元/吨）+一级商毛利（200元/吨，包括一级商给二级商的政策费用）+对农民的促销费用（50元/吨）+二级商利润（300~400元/吨）；阻击产品为了增强市场竞争力，零售价格会低些，一级商、二级商利润会小于以上利润空间。

（2）新型肥料品种：缓（控）释肥、冲施肥、水溶肥、硝酸钾、腐植酸、根际肥、高能氮、麦动力、麦黄金、聚能肥、脲甲醛、脲硫酸、18-18-18、硫基17-17-17、19-19-19等公司认可的新型肥料品种。

（3）新型肥料价格体系：零售价=产品出厂价+运费+短倒费（40元/吨）+一级商毛利（300元/吨，包括一级商给二级商的政策费用）+对农民的促销费用（100元/吨）+二级商利润（650~800元/吨）。

（4）上述每个季节所执行的价格体系，如出厂价格没有大的变化，则必须执行统一的市场零售价格，零售价格可以高卖，但不允许以低于公司通知的零售价格销售。公司通知各市场主导品种市场零售价格的时间为该市场零售启动前，一般通过召开一级商价格体系会议，当场签订承诺书，或者以公司业务员通知的零售价格为准执行。

（5）一级商及其二级商需要严格执行公司确定的产品价格体系，严禁低价销售及向非代理区域窜货，如出现这些情况，则经销商或其二级商立即停止低价销售或窜货行为，窜货立即拉回，并按照低价销售或窜货数量给予扣除每吨200元的违约金（一次最低不低于1000元）。如不立即拉回或不配合处理的，公司有权终止供货或取消其经销资格。这些处理，公司可以依据相关证据，无须让低价销售方或窜货方在处理书上签字就可直接在其账户上扣除违约金。企业处理低价销售或窜货行为，扣除违约方的违约金直接补偿给受害方。

3. 经销商出国游

（1）从 2014 年 6 月 17 日起至 2014 年 10 月 20 日，期间客户销售秋季产品销量在 1500 吨以上的，在 11 月份后安排 1 人/户（主要负责人）出国旅游及考察国外的现代农业，低于同期的不享受。

（2）从 2014 年 6 月 17 日起至 2014 年 10 月 20 日，期间客户销售秋季产品销量比去年同期（不低于 700 吨）增长比例为 50%以上的，在 11 月份后安排 1 人/户（主要负责人）出国旅游及考察国外的现代农业。

（3）上述销量或同期增长为同一客户的，只能安排 1 人/户（主要负责人）出国旅游及考察国外的现代农业。

4. 清华大学深造

（1）从 2014 年 6 月 17 日起至 2014 年 10 月 20 日，期间客户销售秋季产品销量在 1000 吨以上的，在 11 月份后安排 1 人（主要负责人）到清华大学深造学习，同期减量的不享受。

（2）从 2014 年 6 月 17 日起至 2014 年 10 月 20 日，期间客户销售秋季产品销量比去年同期（不低于 500 吨）增长比例为 50%以上的，在 11 月份后安排 1 人（主要负责人）到清华大学深造学习。

（3）上述销量或同期增长为同一客户的，只能安排 1 人（主要负责人）到清华大学深造学习。对于达到出国游条件的客户，也可选择清华大学深造，但不再安排出国旅游；对于今年已经安排在清华大学深造培训的客户，如达到本条件可以安排其业务员或核心二级商深造培训。

5. 设库支持

（1）中原市场及苏北、皖北、山西、陕西及东北市场只季节性设库，外围市场可以设长期周转库。

（2）季节性设库从产品发出（汽运按开单当天计算，火运出车皮号按当天计算）到结清日期最长不超过90天。长期周转设库，从产品发出（汽运开单当天计算，火运出车皮号按当天计算）到结清日期每批次结清日期最长不超过30天。

（3）拟设立外库的客户，必须积极配合本次活动开展各项工作，并经营鲁西或中盛产品1年以上，同时客户与公司业务往来无任何不良记录，由设库区域业务员、大区经理提出申请，经领导批准后执行。

（4）经批准的设库，必须经由公司与客户签订设库合同，并由业务员、大区经理、公司经理逐级签订责任担保书。

（5）设库客户必须交纳设库保证金，保证金金额按每设60吨交纳2万元，保证金到账后方可发货。

（6）季节性设库数量原则上每批次不能超过去年同期当季销量的50%，但可以进行周转小批量循环发货，避免大批发货因市场原因造成的滞销、调货而给公司带来的风险。长期周转库每批次不能超过去年销量的30%。

（7）设库货款到期未结清之前，客户不能再次追加设库数量；设库货款未到期没有结清的，如再追加设库数量，未汇款的产品不超过去年同期销量的50%；客户设库货款提前结清的，可以追加设库数量。每增加一批设库数量，必须对客户、市场进行分析，业务员逐级担保；客户交纳押金或上一批押金转为下一批押金，押金不足补交差额，并签订合同。

（8）设库三方联保：为了规避设库风险，设库客户必须进行三户联保，联保的客户必须是公司目前正常合作的客户，并且没有遗留问题或不良的信誉记录，业务员、大区经理、经理担保，磷复肥工业集团总经理批准。

（9）所有外库必须现汇结算，不能用承兑结算。

6. 立体化宣传支持

（1）宣传品支持：免费提供产品宣传单页、大画、喷绘、墙贴、施肥手册等，针对性提供日记本、遮阳伞、音箱、拱形门、气模帐篷等。

（2）促销品支持：针对性提供脸盆、水桶、文化衫、水杯、手提袋等。

（3）电视广告支持，具体播出频道和时间如表3-2所示。

表3-2 电视广告具体播出频道和时间

电视台	频道	栏目	播放内容	播放时间	备注
CCTV	CCTV-1		化肥产品推广		约20:55
	CCTV-7		集团形象推广	06:00-06:05、14:13-14:43、14:43-15:13、15:13-15:18、18:00-18:30、18:30-19:00、19:00-19:30、21:12-21:17、23:10-23:40	
	CCTV-13		新能源装备产品推广	20:55-21:00	
山东电视台	山东卫视	早安山东		06:55-07:00	独家特约
		天气预报		12:10-12:15	特约播报
		A7天秤剧场2微剧透前		20:00-20:10	
		全国城市天气预报	5秒三维动画	12:00	

续表

电视台	频道	栏目	播放内容	播放时间	备注
山东电视台	山东农科频道	乡村季风		约20:20、07:40、11:14	
	山东齐鲁频道	天气预报		约06:00、11:50、18:30	
河北电视台	河北农民频道	《村里这点事》片尾前		约19:27	
		G剧3百姓剧场		约20:15	
		G8经典剧场		约10:29	
河南电视台	河南新农村频道	村长开汇		19:20-19:50、12:40-13:00	
聊城电视台	聊城综合频道	民生面对面	鲁西、中盛复合肥广告	18:00-18:20、23:08-23:28、次日12:00-12:20	全天高频次循环专题播放，每天六次
	公共频道			20:00-20:20、13:00-13:20	
	影视频道			21:32-21:52	

（4）报刊宣传支持：在农民日报、农资导报、中国农资、北方农资、南方农村报、农村大众、山西农民报、中国化肥信息、销售与市场、江苏科技报、安徽科技报、北方蔬菜报、聊城日报等报刊媒体投放秋季产品广告。

（5）网络宣传支持：在中国新型肥料网、临沂肥料信息网、中国购肥网、百川资讯、中华商务网、191农资人、中国化肥网、锄禾网、各大视频网站及鲁西经销商视线、手机报、微信等自媒体对本次活动进行深入报道。

（6）开展小麦王大赛：联合农村大众等媒体，结合本次活动，可和经销商开展小麦王大赛、农民作物高产培训等大型促销订肥活动。

7. 智能 e 家农化服务

鲁西集团与农业部全国农技推广服务中心、山东省农业科学院、河南农业大学等农业权威部门强强联合率先创办鲁西智能 e 家网络视频服务平台。

鲁西或中盛经销商门店利用电脑登录该平台，与每天坐诊的特约农学、植保专家进行远程视频，专家向广大经销商、农户及时提供农业科技知识、农业管理、作物栽培、病虫害等咨询，更加直观的答疑解惑。目前已链接 3000 个终端门店。

8. 建设区域性的农业服务中心

随着我国农村现代化、工业化、城镇化及信息化的快速发展，目前农村劳动力严重缺乏，农民把种地由主业变为副业，把外出打工及从事其他生意变为主业，农村耕地无人耕种、无能力耕种的现象日趋严重。因此，给农民提供耕、种、收及田间管理的一体化种植服务，让农民种地更省心、省力、省工，更加体面地劳动是现代农业发展的必然，生产企业、经销商向服务商转变是农资发展的方向。鲁西从战略的高度上，从过去行业更多地停留在喊口号上真正转化为实际行动，率先大力度在全国进行农业服务中心的建设。

鲁西农业服务中心建设的具体做法是成立专门的部门，联合区域内的经销商，购买大型的农机具，聘请农化专家，发展农民会员，涉足种子、农药、农机具、植保技术、异地仓库等领域，为农民提供系统化、标准化服务模式，靠模式化的服务拉动销售。

有上述想法的客户可以和公司沟通，携手共同建设区域性的鲁西农业服务中心。

9. 鲁西经销商金融解决方案

（1）借款人准入标准。

①与公司合作年限 2 年以上，由公司出具书面推荐表，证明借款人合作年限和年进货总量。

②借款人经营地属于×行业务范围，且在经营地有固定经营场所，经营场所为自有或长期租赁。

③在经营地有自有房产。

④借款人在本行业从业 3 年（含）以上，经营实体成立 2 年（含）以上。

⑤上年度从鲁西进货量不少于 900 吨。

（2）授信产品。联保、互保、微贷、互助基金，附加鲁西化工销售人员担保。

（3）授信额度。单户授信额度不超过以下方式的最低值：

①授信产品最高额度。

②鲁西化工推荐额度。

③×行授信审批系统测算额度。

④（鲁西化工提供的年度销售量×平均单价×0.7/5）－存量经营贷款。

（4）授信期限。授信额度期限不超过 1 年，额度项下的其他提用方式期限遵从制度规定。

（5）授信利率。

①联保、互保贷款利率不低于月息 7.5‰；互助基金不低于月息 7‰；微贷不低于 1%。

②经销商如有资金信贷需求，及时和公司业务员联系，和××银行××支行接洽办理此项业务。

10. 千人销售队伍提供一线贴心服务

（1）千人销售队伍，400 辆宣传车及每辆车配备音箱、气模帐篷、展架等开展服务的工具；三大销售公司、75个大区，鲁西、中盛两大品牌分开运作，服务更加专业、到位；深入市场一线，下沉终端做市场，到田间地头提供顾问式的和作物解决方案的营销与服务。

（2）销售精英专业化服务：分析市场确定经销商秋季主推品种及销售计划，建立统一的价格体系，协助开发二级网络，协助策划促销活动实施方案。

（3）全力推行"厂商铁三角共圆丰收梦——鲁西助商惠农金秋大行动"，开展全员促销活动，提升销量。

（4）协助、督导一级经销商和二级经销商开展有奖进村订肥、剧团演出订肥、电影下乡订肥、科技讲座订肥、农民会订肥等促销活动。

（5）秋季开展建设千村万田活动，建设1000个示范村、10000块示范田，每个村组织1场农民观摩会。

（6）再次发动千名二级商、万名农户进鲁西活动，进行参观培训、订肥，每个大区二级商专题培训会，每个大区组织1场一级经销商和二级经销商营销队伍专题培训会。

三、召开二级商会议

（1）目的：针对当前市场形势，为了最大限度地协助一级商收取二级商秋季底肥货款，加强对二级商的管控力度，实现厂商合作的一体化。特以地区客户为单位，每个地区集中组织召开所有二级商大型秋季会议，中盛、鲁西一块开，利用鲁西客户的现场订货的气氛带动中盛客户。

（2）秋季底肥主导品种，表3-3是某区域的示范，具体根据当地实际情况确定主推品种。

表 3-3 某区域秋季底肥主导品种

品　　种	批发	零售
12-18-15		
15-17-13（小麦加硼）中盛		
15-18-12（小麦加锰）鲁西		
17-21-7（麦动力）中盛		
18-21-6（麦黄金）鲁西、富瑞达		
18-18-8（含腐植酸）鲁西、中盛		
18-18-18（含腐植酸）鲁西、中盛		
20-17-8（秸秆还田）鲁西		
20-16-9（秸秆还田）中盛		
18-18-9（锰先锋硫基）鲁西、中盛		
18-24-6 鲁西		
15-15-15 大蒜肥		
18-22-8 中盛		
24-11-10		
26-11-8		
26-11-9		
25-14-6		

（3）对二级商价格及市场规范管理。

①所有二级商必须执行统一的市场零售价格，零售价格可以高卖，但不允许以低于公司通知的零售价格销售。

②二级商如出现低价销售及向非代理区域窜货，则必须立即停止低价销售或窜货行为，窜货的立即拉回，并按照低价销售或窜货数量给予扣除每吨 200 元的违约金（一次最低不低于 1000

元）。如不立即拉回或不配合处理的，取消其经销资格。处理低价销售或窜货行为扣除的违约金直接补偿给受害方。

（4）二级商订肥及销量政策范本。

范本一：

二级商现场订肥政策：

二级商会议现场订货，每吨预交 50 元的货款，可以享受优惠政策（如现场未交定金的，视为自动放弃），具体订货品种现场不用确定，回去以后，根据当地市场需求，和所属经销商确定。

暂按照 2500 元/吨交款订肥（具体每个品种的价格下来出具，肯定会让早交款早订肥的最优惠），自×月×日起至×月×日，在 10 日内交全款并同意发货的基层经销商，享受表 3 - 4 的优惠政策。

表 3 - 4　范本一：二级商现场订肥优惠政策

一次性打款购肥量	交纳定金额度（元）	优惠奖励标准
10 吨	500	优惠 20 元/吨或等值物品（如电动喷雾器或高档体恤一件）
20 吨	1000	优惠 40 元/吨或等值物品（洗衣机或山地自行车）
40 吨	2000	优惠 50 元/吨或等值物品（电动车、空调或电视机）
60 吨	3000	优惠 60 元/吨或等值物品（电动三轮车、笔记本电脑、空调或电视机）
80 吨	4000	优惠 80 元/吨或等值物品（机动三轮车、笔记本电脑加投影仪）
100 吨及以上	10000 或 50 元/吨	优惠 100 元/吨或等值物品（根据二级商订肥数量及其需求购买）

二级商会议现场订肥大概需要费用每吨 50 元，在价格体系当

中进行预留，由经销商给所属二级商负责兑现。

二级商现场抽奖政策：凡现场订货并符合条件的客户，可以享受抽大奖政策，当场奖励现金明细如表3-5所示。

表3-5 范本一：二级商现场抽奖政策

资金单位：元

订肥数量	一等奖 (1人)	二等奖 (2人)	三等奖 (3人)	四等奖 (4人)	合计 奖金/组	
10吨	500	200	150	50	1550	10人一组
20吨	900	400	200	150	3200	10人一组
30吨	1100	700	400	200	5100	10人一组
50吨	1800	1100	700	300	8000	10人一组
80吨	3000	1800	1100	400	12400	10人一组
100吨	4000	3000	2000	600	18400	10人一组
订肥量不低于150吨的客户可以现场追加，参与订肥量竞拍，前五名的进行奖励	5000	4000	3000	2000	1000	

本二级商会议现场抽奖政策，大概需要费用每吨17元，由公司承担此费用。

范本二：

二级商现场交款订肥政策：

二级商会议现场交纳货款订金，按照每万元货款预交定金200元（如现场未交纳定金则视为自动放弃）。自×月×日起至×月×日，在10日内交全款并同意发货的基层经销商（具体每个品种的价格下来出具，肯定会让早交款早订肥的最优惠）享受表3-6的优惠政策。

表3-6 范本二：二级商现场交款订肥政策

一次打款金额（元）	交纳定金额度（元）	优惠奖励标准
25000	500	从交全款之日起至2014年9月15日并发货的，给予货款按照1%计息。如未出台产品价格，按暂定价格发货，出台价格后另行通知 对于二级商预交款提前发货部分给予保底，价格降了给降，涨了不涨
50000	1000	
100000	2000	
150000	3000	
200000	4000	
250000及以上	每万元交200	

本次对二级商交款计息政策，大概需要费用每吨50元，在价格体系当中进行预留，由经销商给所属二级商负责兑现。

二级商秋季销量政策：对于二级商秋季所发鲁西或中盛复合肥给予保底，价格降了给降，涨了不涨。二级商秋季鲁西或中盛复合肥销量返利政策如表3-7所示。

表3-7 范本二：二级商秋季销量政策

秋季销量（吨）	普通肥料返利标准（元/吨）	新型肥料返利标准（元/吨）	备注
20（含）~30	30	50	秋季结束后，根据普通肥料及新型肥料总量按本表返利标准分别兑现
30（含）~50	50	70	
50（含）~80	60	90	
80（含）~100	70	110	
100（含）~150	80	130	
150及以上	90	150	

本二级商秋季销量返利政策，大概普通肥料需要拿出50元每吨，新型肥料拿出80元每吨，本销量返利政策在价格体系当中进行预留，由经销商给所属二级商兑现。

二级商现场抽奖政策：凡现场交货款定金并符合条件的客户，可以享受抽大奖政策，当场奖励现金明细如表3-8所示。

表3-8 范本二：二级商现场抽奖政策

资金单位：元

一次性预交款金额（元）	一等奖(1人)	二等奖(2人)	三等奖(3人)	四等奖(4人)	合计奖金/组	
25000	500	200	150	50	1550	10人一组
50000	900	400	200	150	3200	10人一组
100000	1100	700	400	200	5100	10人一组
150000	1800	1100	700	300	8000	10人一组
200000	3000	1800	1100	400	12400	10人一组
250000	4000	3000	2000	600	18400	10人一组
一次性预交款不低于375000元的客户（可以现场追加），参与交款金额竞拍，前五名的进行奖励	5000	4000	3000	2000	1000	

本现场抽奖政策大概需要费用每吨17元，由公司承担此费用。

范本三：

二级商现场交款订肥政策：

二级商会议现场订货，每吨预交50元的货款，具体订货品种现场不用确定，回去以后，根据当地市场需求和所属经销商确定。暂按照2500元/吨交款订肥（具体每个品种的价格下来出具，肯定会让早交款早订肥的最优惠），自×月×日起至×月×日，在10日内交全款并同意发货的基层经销商，享受表3-9的优惠政策。

表3-9 范本三：二级商现场交款订肥政策

一次性打款购肥量	交纳定金额度（元）	优惠奖励标准
10 吨	500	优惠 20 元/吨
20 吨	1000	优惠 40 元/吨
40 吨	2000	优惠 50 元/吨
60 吨	3000	优惠 60 元/吨
80 吨	4000	优惠 80 元/吨
100 吨及以上	10000 或 50 元/吨	优惠 100 元/吨

本次对二级商会议现场订肥政策大概需要费用每吨50元，在价格体系当中进行预留，由经销商给所属二级商对于预交款优惠及秋季销量返利总计金额给予提前兑现等值的物品。

二级商秋季销量政策：对于二级商秋季所发鲁西或中盛复合肥给予保底，价格降了给降，涨了不涨。二级商预计秋季销量返利政策：二级商参照去年秋季销量及结合自身情况，在二级商会上签订秋季销量承诺书，经销商依据二级商所承诺销量按表3-10的标准返利。

表3-10 范本三：二级商预计秋季销量返利政策

秋季销量（吨）	返利标准（元/吨）	备注
20（含）~30	30	依据二级商应得秋季销量返利金额结合预交款返利金额之和，由经销商提前给其提供等值的物品兑现奖励（二级商需交纳秋季销量返利金额相等的保证金）
30（含）~50	50	
50（含）~80	60	
80（含）~100	70	
100（含）~150	80	
150 及以上	90	

本二级商秋季销量返利政策，大概需要拿出50元每吨，本销量返利政策在价格体系当中进行预留，由经销商给所属二级商兑现。

二级商预交款及秋季销量返利兑现办法：会议现场二级商预交款应得返利及秋季承诺销量返利总计金额，由经销商依据该金额给予提前兑现等值的物品。奖励物品清单如表3-11所示，奖励返利金额不足的可自行补差价。

表3-11 范本三：奖励物品清单

物品项目	物品价格（元）	物品项目	物品价格（元）
自行车	400	洗衣机	1000
智能手机	800	微波炉	400
电风扇	200	高级电饭煲	400
电动喷雾器	200	保险柜	1000
空调	2000	电冰箱	2000
电视机	3000	电动自行车	1500
笔记本电脑	3000	投影仪	3500
音箱	300	苹果手机	5000
三轮车	7000	高端三轮车	15000
面包车	30000	电动三轮车	5000

秋季销售结束，经销商将对二级商所承诺秋季销量进行考核，如超出则还是按照原奖励物品执行；如低于秋季承诺销量，则按照实际秋季销量所对应的返利标准给予结算，扣除差额。

二级商现场抽奖政策：凡现场订货并符合条件的客户，可以享受抽大奖政策，当场奖励现金明细如表3-12所示。

表 3-12 范本三：二级商现场抽奖政策

订肥数量	一等奖 (1 人)	二等奖 (2 人)	三等奖 (3 人)	四等奖 (4 人)	合计 奖金/组	
10 吨	500	200	150	50	1550	10 人一组
20 吨	900	400	200	150	3200	10 人一组
30 吨	1100	700	400	200	5100	10 人一组
50 吨	1800	1100	700	300	8000	10 人一组
80 吨	3000	1800	1100	400	12400	10 人一组
100 吨	4000	3000	2000	600	18400	10 人一组
订肥量不低于 150 吨的客户可以现场追加，参与订肥量竞拍，前五名的进行奖励	5000	4000	3000	2000	1000	

本二级商会议现场抽奖政策大概需要费用每吨 17 元，由公司承担此费用。

（5）对二级商开展促销活动政策。

①在价格体系中，普通肥料拿出 50 元/吨、新型肥料 100 元/吨，由经销商给二级商购买促销品或开展针对农民的旅游等订肥活动（对二级商奖励的奖品或开展的活动不算），用于二级商开展促销活动。

②由一级商依据去年秋季底肥销量，提前和公司业务员按照上述标准制定出秋季有奖订肥政策，并监督购买印有公司标识的促销品，并在所有二级商门店制作奖品展示板，开展全员促销。

③公司根据二级商现场订肥量，按照每吨赠送一袋硝基肥（750 克），用于二级商进行硝基肥的效果试验、推广。

（6）二级商会议费用承担及要求。

①二级商会议，由所在县一级商统一组织乘车到会议地点，

第一天上午报到，午饭后旅游，晚上参加宴会，第二天开会、培训、订肥，午饭后返程。

②二级商参会车费由经销商承担，召开二级商会议、培训，吃住及现场抽奖、旅游的费用由公司负责及承担。

③二级商会议订肥现场以经销商为单位现场收取所属二级商50元/吨的肥料款或每万元交200元的定金，并给二级商开具收款收据，经销商当场汇总后打给公司（在公司有货款的出具证明手续）并提供二级商订肥明细。

④要求每个参会二级商最少预交订肥款（10吨的定金）或25000元定金，如出现不交的情况由经销商垫付，并要求二级商会议所预交款在经销商回去后10日内全额打入公司账户，不足的经销商承担每吨50元的会费，直接在其货款中扣除。

⑤对二级商的交款返利、销量返利政策及对农民的促销政策，由一级商给所属二级商兑现，公司将对兑现情况进行监督。

⑥企业、一级商、二级商当场签订秋季底肥三方协议，确定首次订肥数量及整个秋季销量目标，各自履行所承诺的上述政策及相关事项。

（7）二级商会议费用预算。

①按照每场二级商会议人数400人核算，按平均订肥20吨计算。

②二级商乘车费用：55座客车，每天费用1300元×2天，即2600元；每辆车高速费及油费每公里1.5元×1000公里，即1500元。总计每辆车需要费用4100元，即每人需要费用大概75元。

③住宿费用：每人住宿1晚80元，吃饭3餐中午50元+晚宴会80元+中午50元，即180元，总计260元。

④纪念品：每人50元、T恤衫17元、胸牌3元，总计70元。

⑤其他费用：会议室3000元、主持人1000元、演节目3000

元及其他宣传物料，总计 12000 元，每人 3 元。

⑥每人旅游费用 150 元。

⑦合影费用：每人 50 元。

⑧订肥抽奖奖品：17 元/吨×20 吨，即 340 元。

总计：费用需要 938 元/人，即大概费用 47 元/吨，经销商出车费，公司大概承担费用 43 元/吨。

四、二级商会议流程及操作规范

1. 会前分析工作

（1）一级商准备召开二级商会议。首先，分管业务员与一级商提前 5 天共同对市场网络进行分析，分析出空白或薄弱市场，业务员协助经销商在空白或薄弱市场寻找意向合作客户，邀请意向合作客户参加二级商会议。

（2）初步确定会议召开时间后，一级商提前 3 天与二级商进行沟通，确定现有二级商参会情况，对于不参加会议的二级商分析原因，制定相应措施，最终确定参会人员名单及所属区域，并把分析结果附在会议方案后。

（3）分管业务员与一级商提前对每个二级商去年同期销量、品种、代理区域进行统计分析，初步确定今年同期每个二级商销售任务、销售品种、代理区域，并提前与二级商沟通。

二级网络分析表（附在会议方案后）如表 3-13 所示。

表 3-13 二级网络分析表

乡镇	二级网络名称	地址	联系人	电话	是否参会	分析原因	制定措施	备注

要求：
(1) 要把全部乡镇填写上，空白乡镇直接写空白。
(2) 有二级商的乡镇，但是二级商销售区域辐射达不到，或二级商销量较小，属于薄弱乡镇，在备注上注明薄弱。
(3) 空白或薄弱的乡镇要提前联系意向客户并填写上，在备注注明是意向客户。
(4) 对于不参会的二级商分析原因，制定措施。

2. 会前准备工作

业务员在召开会议之前，要逐个项目按照标准要求进行准备，如表 3-14 所示。

表 3-14 会前准备工作

项目	标准要求
会议室	根据参会人数多少确定合适的会议室，必须设音响、话筒、投影、电脑，并能够正常使用，会议开始提前 2 个小时演示
会议程序	打印纸板（包括会议开始时间、主持人、发言人、发言内容、政策宣布人等事项）
销售政策	打印纸板及电子版在投影上公布及讲解

续表

项目	标准要求
发言人课件	市场、季节、推广产品不同,发言人要准备有针对性的课件
主推包装袋	主推包装不低于2种,悬挂或专门设置摆放位置,会议开始提前1个小时悬挂摆放完毕,或者是电子版照片
主推样品	主推品种不少于5种,专门设置摆放位置,会议开始前1个小时摆放完毕
750克装硝基肥	
气模	提前1小时摆放
条幅	条幅不低于2条,悬挂在会议室内及会议室外明显位置
手提袋	每人一个,装好必备的宣传用品并提前摆放在座位上
公司简介	提前装在手提袋里,并在明显位置摆放一部分
宣传大画	会议室内及会议室外明显位置粘贴,高度合适,张贴不低于6张
单页	提前装在手提袋里,并在明显位置摆放一部分
施肥手册	提前装在手提袋里,并在明显位置摆放一部分
笔记本	提前装在手提袋里
笔	提前装在手提袋里,不做强制要求
签到表	参会前签到,报销费用使用,整理后电子版发品牌科,由品牌科输入讯通天下系统
照相机	会后合影及会中照相
摄像机	不做强制要求,录像后制作宣传片
鲁西或中盛专题片	提前1小时进行演示,确保正常播放
会议片头	提前1小时进行演示,确保正常播放
王华中科教片	提前1小时进行演示,确保正常播放
小麦肥专题片	提前1小时进行演示,确保正常播放
奖品	会前或会后发放,根据具体情况确定
会议背景喷绘布	提前1小时悬挂完成

续表

项目	标准要求
易拉宝	摆放在会议室门外或会议室内门口，不低于2个
订肥表	提前准备订肥表
协议	三方协议

3. 会议程序

表 3-15　会议程序

项目	标准
播放片头	完整播放最新的片头
播放专题片	完整播放最新的专题片
播放王华中科教片	完整播放
小麦肥广告片	根据情况播放
主持人发言	专门的主持人，介绍会议目的、参会嘉宾、与会人员
业务员发言	针对推广产品进行发言，用投影仪讲解
一级商发言	针对本次会议目的发言
代表发言	提前沟通发言材料
宣读政策	公司业务员
收集订单、订肥或预收款	准备好订肥表，适时推荐订肥，收预收款
签订协议	
发奖、抽奖等活动	

4. 会后跟踪及总结

（1）会议召开完毕后第二天开始走访所有到会和未到会的二级客户，做进一步的单独沟通，放大会议效果。

（2）根据会议签订的订单，让二级客户提前交货款，督促二级客户养成好的习惯，会议上确定的政策不能改变，体现政策的公平性、严肃性。

（3）会议召开后 7 天内，业务员做好会议总结，按照表 3 - 16 填写。

表 3 - 16 会议总结表

一级客户名称		联系人	
会议召开时间		总结时间	
二级商数量		实际参会二级商数量	
订肥数量		二级商向一级商预交及会后交款金额	
会后客户向公司汇款金额		邀请几个意向客户参会，通过此次会议是否有合作	
会议较好		会议不足	
改进措施			

五、业务员评比奖惩办法

1. 三个公司之间的评比

（1）秋季政策开始至 10 月 10 日产品累计销量，总量第一名的公司奖励 6 万元，最后一名罚款 3 万元。

（2）根据秋季政策开始至 10 月 10 日产品累计的销量，同期增量第一名的公司奖励 6 万元，最后一名罚款 3 万元。

（3）减量不进行奖励，如两项重复，不重复奖励，只奖励 6 万元。

2. 各公司内部大区评比

（1）月度评比各大区评比。

①月度三个销售公司对分管大区进行总量排名，第一名的大区奖励6000元、第二名的大区奖励5000元、第三名的大区奖励4000元、第四名的大区奖励3000元、第五名的大区奖励2000元，减量的不予奖励。

②月度三个销售公司对分管大区进行增量排名，第一名的大区奖励6000元、第二名的大区奖励5000元、第三名的大区奖励4000元、第四名大区的奖励3000元、第五名的大区奖励2000元，排名倒数第一的大区处罚3000元、倒数第二的大区处罚2500元、倒数第三的大区处罚2000元、倒数第四的大区处罚1500元、倒数第五的大区处罚1000元。

③如两项重复的不重复奖励，以两项中较高的金额进行奖励。

④以计划科提供的月度数据为准。

（2）季节评比。

①秋季政策开始至10月10日，三个公司大区分别进行总量排名，第一名的大区奖励10000元、第二名的大区奖励8000元、第三名的大区奖励6000元、第四名的大区奖励4000元、第五名的大区奖励2000元、第六名的大区奖励1000元（减量的不予奖励）。

②秋季政策开始至10月10日，三个公司大区分别进行增量排名，第一名的大区奖励10000元、第二名的大区奖励8000元、第三名的大区奖励6000元、第四名的大区奖励4000元、第五名的大区奖励2000元、第六名的大区奖励1000元，倒数第一的大区处罚5000元、倒数第二的大区处罚4000元、倒数第三的大区处罚3000元、倒数第四的大区处罚2000元、倒数第五的大区处罚1000元、倒数第六的大区处罚500元。如两项重复的，不重复奖励，以两项中较高的金额进行奖励。

3. 业务员评比

（1）针对月度工作开展情况，各公司评选出客户开发明星、销量冠军明星、销量增量明星、服务推广明星各 2 名，共计 8 名，不能出现重复，每人奖励 400 元。

（2）针对月度工作开展情况，各公司评选出 8 名最差人员，从销量增幅最少、销量最小、客户开发最少、服务推广差等方面进行评价，每人罚款 200 元。

（3）针对季节性工作开展情况，各公司评选推荐出客户开发明星、销量冠军明星、销量增量明星、服务推广明星各 2 名，共计 8 名，不能出现重复，每人奖励 1000 元。

（4）针对月度工作开展情况，各公司评选出 8 名最差人员，从销量增幅最少、销量最小、客户开发最少、服务推广差等方面进行评价，每人罚款 400 元。

4. 综合评比

季节结束后各公司进行综合评比，倒数第一的大区经理免职。

5. 采取措施

季节结束各公司综合评比倒数后五名的业务员（含业务助理）下岗学习 1 个月，下岗期间只发生活费 1000 元。

六、秋季大行动注意事项

（1）业务员针对秋季底肥销售，必须和经销商提前分析市场需求，以及往年同期销售品种及数量，确定秋季主推品种，有特殊需求的提前制作包装袋及与计划科沟通。

（2）以大单品区隔密植一级网络，对于销量大的客户可以采取以大单品区隔协助密植二级销售网络。中盛大区大力度建设中盛网络，减少网络空白，各公司经理抓好对网络开发的考核、奖惩，特别是对中盛网络的考核。

（3）对一级商政策需要注意的地方。

①对一级商政策各级人员首先自己要理解到位、掌握到位，必须给经销商做好政策的传达及解释，督促经销商做好提前备货以争取更多的优惠政策。

②对一级商要和其讲清楚当前及秋季的化肥原料行情。目前看，尿素价格基本稳定在1500元/吨左右，已进入尿素出口的窗口期，目前国际尿素价格处于上涨态势，印度预计500万吨的尿素进口需求，预计尿素价格秋季保守看保持平稳状态应该是没问题的；硫磺近期价格上涨迅速，国际硫磺价格由前期的130美元/吨上涨到180美元/吨，目前硫磺到厂价格已超过1300元/吨，较前期每吨上涨300元；一铵、二铵受国际市场大量需求影响，目前国际二铵价格在460美元/吨并且价格还处于上涨态势，国内几家大型一铵、二铵生产企业已签订了大量的出口订单，整个秋季一铵、二铵企业没有销售压力，目前一铵价格较前期至少上涨了100元/吨以上；钾肥国际市场存在上涨的可能，国内氯化钾目前价格平稳，但是硫酸钾价格上涨迅速，由前期的3100元/吨已普遍上涨到3400~3500元/吨。

综合上述复合肥原料价格情况，结合当前复合肥企业开工率普遍非常低（估计在30%以下），可以判定复合肥秋季的市场行情，预计比较乐观。

（4）统一召开二级商会议需要注意的地方。

①首先和召开二级商会议区域的所有参会一级商会议，业务员要提前和其沟通确定二级商的预交款政策、秋季销量政策，要

使所有参会经销商认可统一召开二级商会议的政策。

②二级商政策确定后,业务员和经销商对其基层网络进行逐户分析,并在参会前就政策情况提前给每个参会二级商进行充分沟通,提前了解并汇总预计预交款订肥的数量及参会人员。

③对所有参会的二级商,业务员和经销商要把好关,确保二级商只要参会就必须交款订肥,并且要和主要核心二级商做好会议现场的带头作用,可以对其进行重点支持。

④在二级商会议上,业务员要做好所属核心二级商的现场动员工作,鼓励交款订肥。

(5)关于开展全员促销活动需要注意的地方。

①业务员要提前拿出经销商的去年同期销量数据,根据该销量按照普通肥料 50 元/吨、新型肥料 100 元/吨核算整体促销费用,督促协助经销商购买促销品及制订秋季促销的活动方案,要确保把该费用在 7 月份花出去。销售公司经理、大区经理要让每个经销商知道如何支出该费用、如何开展全员促销活动,此项工作要做好对业务员的考核。

②协助经销商把促销品配发给二级商,对于二级商是否开展促销活动进行督促,并对促销活动进行店内外宣传、每家店张贴促销奖品,切实用到对农民的销售促销上,促进销量的提升。对于不开展促销活动的基层户,要和经销商采取有效措施,对于不配合的甚至可以取消其经销资格。

③业务员要协助经销商做好全员促销工作,对二级商开展促销活动培训,以及确定开展促销活动的装备和工具是否到位。

(6)此项活动实施宣贯需要注意的地方。

各销售公司、大区必须召开大区经理、业务员会议,专门对此手册进行解读、培训及要求。

七、秋季大行动工作分工

（1）周××经理负责提前确定冀、鲁、豫三省的会议场所，要求每个省必须确定三个会议地点。

（2）周××经理负责会议场所，会议室、吃住、旅游、联系确定及相关费用确定，各场所安排具体负责人。

（3）唐××经理负责联系会议所需人员、主持人、讲课人员及课件准备。

（4）王×主任、张××协助负责会议所需烟酒、奖品及其他所需物资采购。

（5）郎××科长、亓××协助做好会议所需宣传物料的采购及准备工作。

（6）李×科长负责会议所需肥料样品的灌装及准备。

（7）王××主任负责每场会议的各项费用支出、现场抽奖费用、预交款等和财务人员接洽工作，以及每场会议的监督、报销费用的审核。

（8）每场会由各销售公司的大区经理提前打申请及制订具体实施方案，经批准后实施，要求责任明确、分工具体，确保不出现任何问题。

【案例7】 兴发集团：爆品黑魔粒上市策划

简而言之，爆品就是爆发性增长的产品，卖得好的产品，销量贡献大的单个明星产品，如武汉南方略在2011年为红四方成功策划的"红色劲典"控失肥，现在已经成为肥料较成功的经典案例之一。在2015年肥市低迷期为兴发集团策划推出的黑魔粒30含量新型复合肥，一经推出就获得了经销商的追逐和市场的青睐，首场预热招商订货会就破千万元大关。这在2015年肥料价格变化无常，经销商观望的态势下，堪称创造了一个市场奇迹；在高含量复合肥一统天下的肥料市场成功破局，一举奠定了以黑魔粒为代表的低含量复合肥在农资市场的地位，具有重大意义。可见，成功的爆品策划对农资企业而言，可谓"一举定乾坤"。那么，农资企业如何做好爆品上市的策划工作呢？

一、爆品上市规划的四个关键词

说产品：洞悉市场，发现机会，以两度（高度、角度）理论开发产品。

明策略：看清自己，剖析对手，凸显差异与个性，定位一炮打响，优势广为人知。

定方向：创造出在今天有销售效益，在明天能建立强势品牌的卓越产品线体系。

理思路：树立目标，明确爆品开发策略，建立爆品上市机制和流程。

二、如何规划爆品

爆品规划的目的：公司所有活动的核心是爆品，因为爆品规划工作关系到各项经营、管理活动的成效。

爆品规划是研发工作的指南，好的爆品规划会大大增强竞争优势，好的爆品规划有助于减少采购的不确定性，好的爆品规划有助于生产安排。

爆品规划的依据：

（1）消费者分析：消费者问卷调查，消费者访谈及购买、使用习惯研究，竞品卖点分析。

（2）竞品信息研究、行业标杆和主要竞争对手研究：研究内容为产品定位、系列核心诉求、主要卖点、规格、市场推广等。

（3）内部访谈与研讨：内部员工访谈与交流，产品关键人员访谈，产品线规划和爆品开发策略研讨，行业相关专家和技术人员访谈等。

（4）资料研究及案头分析：行业研究报告、企业内部资料分析、竞品资料分析整理等。

三、爆品上市成功的关键要素

三重考验：消费者不认同、竞品抵制、通路拒绝。

爆品上市意味着暂时性市场平衡状态的打破，市场份额的重新分配；爆品上市也必然会受到三重考验，能否经受得住考验是爆品能否在市场生存下来的标志。

爆品成功的五大因素（系统的产品策划和论证）：

(1) 一流的爆品上市团队。

(2) 完善的爆品研发和管理机制。

(3) 差异化爆品塑造，明确的爆品定位，精准的爆品概念和诉求。

(4) 爆品开发过程的协调管理，技术、营销、生产的协同性和一致性。

(5) 爆品上市与政策设计的一体化和系统性，价格、渠道、促销、推广等政策设计与规划。

四、爆品上市策略

(1) 开拓型策略：即独创型策略，独立自主研发创新型爆品，适用于资金和技术力量雄厚的大型公司。

(2) 跟随型策略：不抢先研发爆品，当其他企业研制的爆品投放市场后，立即仿造或加以创造性改进。

(3) 合作开发型策略：与不同领域的研发机构合作开发爆品。

（4）引进与研究开发结合型策略：分析研究引进科研机构（或行业标杆企业）先进研究成果，结合企业需要，开发出有特色的爆品。

创造性模仿的内涵是以市场为导向，关注消费者需求和竞品卖点，结合自身资源能力进行爆品上市。创造性模仿的核心就是跟进、整合、创新。创造性模仿的途径是加一加、减一减、变个脸。在模仿中创新，在创新中超越。

五、爆品上市六大步骤

（1）发现市场机会，确保爆品有足够的市场潜力。这时我们需要问自己：我们真的需要一个新的产品吗？

（2）提出新概念，锁定市场机会。这时我们要问自己：我们准备生产销售什么样的产品？

（3）爆品可行性评估，确认这个机会是否属于自己。这时我们需要自我反省：我们的想法真的可行吗？

（4）爆品开发及准备，反复测试、改良，把概念变成实物，需要付诸行动，把创意、概念变成实物，做好准备工作。

（5）爆品上市计划，为爆品上市做出引导，需要谋定而后动，对上市销售的每一步做好周密布置。

（6）爆品上市执行及跟踪，把上市计划变成业绩，确保执行过程的准确有效，要做临门一脚，按计划行动，实现目标，及时纠偏，全程监控。

六、爆品上市七大工作

（1）爆品上市组织建设，主要工作是成立产品研发小组，明确小组各成员的职责，规范爆品的上市流程。明确具体时间，责任人为项目总协调人。

（2）确定爆品发展方向，主要工作是确定目标、定位、产品线结构、子系列结构、爆品组合结构、3年爆品发展规划、爆品开发策略、爆品开发组织与流程。明确工作时间，责任部门为产品研发组。

（3）证件资源申请计划，主要工作是明确爆品证件资源申请的程序和申请数量，逐步开展证件申请的准备和实施工作。明确工作时间，责任人为产品研发组。

（4）明确现阶段需开发的爆品类型和数量，主要是各个系列子品项的开发和数量。明确工作时间，责任部门为产品研发组。

（5）爆品上市计划，制订年度爆品的上市计划，明确爆品上市项目、责任人及时间进度等。明确工作时间，责任部门为产品研发组。

（6）爆品上市具体工作，调查并研究市场需求，进行畅销竞品的分析、产品功效测试、产品政策的制定等。明确工作时间，责任部门为产品研发组。

（7）明确爆品上市针对的主要市场，划分重点市场、样板市场，制定工作推进计划。明确工作时间，责任部门为产品营销组。

以下是武汉南方略咨询为湖北兴发集团打造爆品的案例。

兴发集团爆品黑魔粒上市成功策划手记

（1）项目背景。

兴发集团是一家以磷矿开发，精细化工和化肥、农药生产为主业的国有上市公司，拥有资产近300亿元，并成功进入中国企业500强。2015年是兴发集团进军复合肥的第三个年头，不仅在产能上实现"宜都+河南"双基地100万吨复合肥自主产能的突破，在营销上与农资行业专业咨询机构武汉南方略达成战略合作，打造高效且更具市场竞争力的营销体系，以实现由"以产定销、贸易为主"的资源型坐商向"以销定产、渠道为主"的市场型行商转变。

其中，为兴发集团打造一款新爆品成为武汉南方略咨询的一项重要任务！

（2）兴发爆品开发策略。

2015年，化肥行业政策频出，风云巨变。"零增长"政策给蛋糕大小做了限制，增值税复征毋庸置疑地提高了化肥的成本。煤、气、电、运各项优惠的取消让一大批企业瞬间站到了死亡线上。农作物虽然持续丰收，但价格跳水式暴跌让农民增收却不增产，苦不堪言，对种植投入的积极性降至冰点。入冬以来，往年红红火火的冬储订货会今年却格外地冷清，行情的不明朗让众多经销商捂紧了口袋。

第一步：市场调研。

通过对兴发本省根据地市场湖北及周边重庆市场为期半个月的扎实的市场调研，武汉南方略咨询项目小组发现：

（1）低含量复合肥在市场上有很大的基础销量，随着农民种植成本的增加，以及部分农作物经济效益的减少，为了降低种植成本，还有伴随种植大户的增多，种植户科学种田意识的增强，低含量复合肥销量在未来将逐年增高。

（2）目前市场上低含量复合肥以30含量为主，以15-6-9、18-6-6为主流配方，主要品牌有三宁、史丹利、桂湖、重庆天建化工等。

（3）由于湖北、湖南、重庆都是山地，劳动强度大，种地的大都是五六十岁的人，规格上要做成25公斤小包装，受农民欢迎。

（4）传统氮磷钾30含量的复合肥中，可加入硼、锌、镁等微量元素，效果可达到45以上高含量的效果。可在油菜、小麦等作物上推广，水稻上施用硅、锌，效果更明显。

（5）兴发集团丰富的低品位磷矿资源，能够在低含量复合肥生产上发挥巨大的成本优势，给批发商和零售商让出更大的利润空间，充分调动经销商的积极性。

（6）湖北本地市场的畅销品牌都尚未将低含量的复合肥市场作为竞争重点，反而纷纷追逐高含量、硝基或者水溶等更高端的新型肥料，市场竞争有缺口。

（7）化肥零增长政策出台，整体化肥结构面临调整，科学施肥更有社会前景。

（8）兴发集团过去只在单质肥上有品牌基础，但在复合肥行业算是新兵，产品投放前期会面临品牌弱势的不利条件。将低价、低含量复合肥作为撕开市场口子的"尖刀"产品，可充分发挥兴发集团的上游资源和制造优势，在竞争对手们忽视的环节，快速在市场形成轰动效应，从而更顺利地撬开市场。

第二步：爆品策划。

由武汉南方略全程策划的一款30含量（16-7-7，含腐植酸和锌）的战略新品——黑魔粒横空出世，一改行业无止境的追求"高含量、高价格、高利润"，顺应当下行业"降温"的趋势，在充分利用兴发集团磷矿的资源优势、给足渠道利润的同时，科学引导农民"足量"而非"过量"地使用化肥，尤其是针对水稻和玉米等大田作物，既保证了作物营养，又避免了养分流失造成的资源浪费，更重要的是降低了农民的用肥成本。

高含量复合肥等于增产吗？低含量复合肥在世界上有没有成功的先例呢？据媒体报道：

高含量并不等于高产，高含量等于高产是吹嘘出来的。

很多养分都被浪费掉了，利用率很低。

世界上很多发达国家像德国、日本、美国等，都在使用中浓度复合肥。

日本用于水稻的复合肥氮、磷、钾为 14-14-14，用于麦类的复合肥氮、磷、钾为 10-18-12，用于蔬菜的复合肥氮、磷、钾为 10-10-10，总养分基本上在30%~42%。

通过国内国际的相关案例与数字，更加坚定了我们为兴发集团推出这款新爆品的信心。我们得出一个结论，成功的产品策划往往是建立在科学、周密、翔实的市场调研分析的基础上的，并非拍脑袋和坐在办公室想出来的。

（3）兴发黑魔粒横空出世，一举颠覆高含量复合肥的江湖地位。

武汉南方略兴发项目组经过和兴发集团磷复合肥分公司各销售部长进行几轮沟通，最后达成统一的共识，那就是必须给这款新爆品起一个经典的名字，因为命名就是战略。最终武汉南方略项目组提出黑魔粒产品命名及创意广告语：葛洲坝黑魔粒——粒粒有魔力，增产真给力，得到兴发集团领导及各市场业务经理的一致认可和高度评价。

兴发黑魔粒五大特点：

一新：技术新、采用微生物降解技术与无膜化学缓释技术，活化与螯合微量元素，养分吸收更全面。

二保：保水保肥，一次施肥，整季不追肥。

三抗：抗旱、抗寒、抗重茬，增强作物抗逆性。

四养：养地，改变土壤团粒结构，疏松活化土壤；养根，促进根系发育、养分吸收好；养肥，螯合微量元素，控释养分释放；养作物，养分全肥效好，作物增产效果更明显。

五高：高产，作物提产达20%以上；高能，含中高微量元素，养分足，能量高；高效，肥效利用率高、吸收好；高质，作物粒大饱满，果大肉多，色度好、口感好；高收益，产量增加了，品质提高了，农民的收入提高了。

(4) 成功策划黑魔粒招商会，首场订货突破千万元大关。

2015年12月16日，由武汉南方略全程策划的兴发集团2015年客户答谢会暨新品发布会在宜昌万达假日酒店隆重举行。兴发集团副总经理杨总、总经理助理陈总，武汉南方略总经理张总应邀出席会议，与来自全国各地的200多名经销商齐聚一堂，共谋未来发展大计。

这款新品在技术上并没有太多的革命性突破创新，但其市场定位精准（针对水稻和玉米等大田作物）、产品效果良好（氮、磷、钾＋腐植酸＋锌等微量元素，PK市场主流45毫不逊色）、目标客户清晰（湖北、湖南、川东等基地周边市场）、营销套路明确（配合系统的单品政策、让利换量、快速抢占基础市场）、推广成本低廉（16－7－7是大众化的产品配方，农民认知度高）等众多优势赢得了市场各方的赞誉。与会的经销商很快围在样品台旁边，咨询产品的各项性能，在得到现场农业技术专家的肯定答复后，经销商纷纷表示出订货的意愿和明年大卖的信心。推介会结束后，截至当日晚宴抽奖活动开始前，现场订货金额突破1000万元，黑魔粒一炮而红，魔焰万丈。

2016年1月6日，兴发集团黑魔粒复合肥（武汉）发布会暨武汉得隆兴农业生产资料有限公司客户客谢会在新洲满江红大酒店隆重召开，与来自武汉市场100多名经销商齐聚一堂，共谋未来发展大计。与会经销商在听取了兴发集团对该产品的解读后，咨询产品的各项性能及使用方法并纷纷交款订货。现场交款100多万元，黑魔粒复合肥在武汉市场一炮走红。

（5）试验示范效果显著，种植户称赞真给力。

从2016年上半年黑魔粒30含量产品在湖北武汉、荆州等市场大量水稻示范田试验数据来看，施过黑魔粒和施过其他品牌复合肥的水稻涨势差异明显。施过黑魔粒的稻田，水稻苗青、分蘖效果好、后期肥效足。监利500亩黑魔粒水稻示范田，4月28日插秧，下园是5月6日。结果显示，水稻长势效果明显、长势喜人、返青效果上佳，种植大户万老板心里喜滋滋的，看长势绝对增产。万老板由衷地说："黑魔粒，真正给力。"

黑魔粒在武汉东西湖玉米示范效果明显，优于其他厂家高含量复合肥的施用效果。

至此，武汉南方略为兴发集团成功策划的这款爆品终于落地，必将在中国肥料行业刮起一股强劲的风暴。祝愿黑魔粒在未来走出湖北，走向全国，为经销商和种植户带来更大的收获！

第四章 新农资行业经营突破之道

第一节　农资经销商如何全产业链经营

广东温氏 2015 年在创业板上市，市值曾经高达 2000 亿元，温氏从事的是农牧行业典型的全产业链经营模式，说明投资界对全产业链经营模式的追捧与信心。大农业可以分为农资、农牧、农产品、农机、农业旅游、农业金融等细分行业，确实全产业链在农牧行业是最成功的，诸如正大、温氏、海大、铁骑力士、正邦等，每一个全产业链的企业不仅规模大，还因为安全放心取得了很好的经济效益，如圣地乐村因为七大统一，全产业链打造五大放心，一个鸡蛋年销售额 7 亿元。全产业链不是农牧行业的专利，更不是厂家的专利，农资行业照样可以开展全产业链经营，经销商也可以开展全产业链经营。

可是农资行业厂家真正理解全产业链的并不多，经销商做得好的更是凤毛麟角。

全产业链不是神话，其本质就是围绕农户的痛点展开，我们不要局限于农药、化肥或种子等具体实物产品的销售，全产业链就是产品加上全方位农化服务。我们过去把农化服务简单等同于植保技术服务就属于片面理解，农民涉及经营生产过程中的痛点、问题、困难、种收中的薄弱环节等依靠自身力量无法解决的事情众多，每一个痛点与薄弱环节都是我们可以服务的范畴与内容。

黑龙江宝清丰收农业技术有限公司开展的是"农机+农资+农艺+收粮"相结合的全产业链模式，董事长任艳萍认为，"农机+农资+农艺"是现代大农业生产的核心，农资（种、肥、药）是农业生产的重要组成部分。经销商要做好农机、农艺服务，抓住土地，发展土地托管，为种植户提供作物"高产栽培解决方案"，犹如医生诊断病症"开方"，药房提供药品"农资"，打通不可复制的农业全产业链，让农民更简单地获得丰产是现代农资经营的方向与趋势。

丰收农业全产业链最成功的地方是从抓住机械手出发。因黑龙江种植大户多，多为机械化生产，于是几个"大哥大"经销商联合起来团购农业机械，价格比单个机械手购买便宜得多；任艳萍又通过自己的资源为机械手获得政府补贴，单台机械又便宜了一部分；丰收农业还投资资金占机械手25%的股份，与机械手合资，这样就牢牢地控制了机械手。在农忙到来时，机械手必须优先为在自己公司购买农资产品的种植户耕地，种植户因为农忙时能优先获得机械手，确保自己田间地头种、管、收中及时用上机械手，就优先到经销商店中购买农资产品。

农忙时，种、管、收中种植户不能得到机械手，这就是种植大户的一个痛点。宝清丰收农业充分抓住机械手这一紧俏资源，通过帮助机械手购买质优但价格实惠的农机产品，同时，又通过参股方式联合机械手把自己的产业链建立起来。

宝清丰收农业服务于签约托管的合作社或者种植大户（500亩地）连片种植，为了丰收农业销售的品种发挥更好的种性，丰收农业给补贴5元/亩的播种费用。同时，通过托管田帮助合作社创建超高产地块。丰收农业为了做好农艺，派遣员工到各大专院校深造，不断通过外招内培等方式，通过多年实践组建了一支专业的农艺队伍，实现了农技信息化、服务零距离时时在线，并以大数据为种植户提供全方位农技服务，做成社员可"依赖"的农艺平台。

2015年普遍农民增产不增收，无论是粮食还是蔬菜、水果价格不断走低，农民如何把辛辛苦苦一年种的粮食卖出去，还以一个好的价格卖出去，就是众多种植户的希望和一个巨大痛点。宝清丰收农业又早早布局与中航国际粮油贸易有限公司（中航国际粮贸）合作为种植户收粮，解决了种植户的后顾之忧。

很多经销商说产品卖不出，同质化严重，不赊销就卖不动，赚钱越来越难。其根本原因是还处在"看山是山、看水是水"的阶段，而宝清丰收农业深深理解做农资不光是卖产品而是做农化服务，农化服务不等于植保技术服务，农化服务就是全方位发现种植户在生产经营过程中的痛点，不能为了卖农资产品而卖农资产品，而是全方位服务，全产业链经营。

随着土地流转，种植大户越来越多，种植面积越来越大，种植户越来越大，如马铃薯、葡萄、香蕉、菠萝、枸杞等"种植大王"到处可见，不难发现资金短缺成为种植大户又一个大痛点。痛点就是农户的需求，就是我们的机会。我们可喜地发现田田圈利用互联网农发贷、农泰金融开展为种植户贷款业务，短短一年多的时间，为种植户和经销商贷款金额近30亿元，说明种植户对资金的需求是十分旺盛的。汽车、房地产等行业为什么成为支柱产业，一个很重要的原因就是借力金融。

农业一年四季淡旺季十分明显，大的种植户已不是传统的小耕小种，而是公司化、规模化的经营生产，种植户对资金需求十分巨大。经销商就应该充分利用这个巨大痛点开展工作，与厂家合作开展贷款业务，也可以单独与本地银行合作，也可以联合成立小额贷款公司，特别是互联网金融又提供了一个有效途径，还可以与农发贷、农泰金融等成熟的平台合作，帮助种植大户有效解决资金问题，通过担保等方式并与自身产品销售相结合促进产品销售。这样做，一方面，能锁定客户；另一方面，提供种、药、肥等一体化解决方案，实施规模化销售。东北倍丰与银行合作，通过经销商担保，预留200元给经销商用来给种植户购买农资产品，以非常合理的利息为种植户贷款，业务开展得顺风顺水，极大地促进了农资产品的销售，也建立了竞争优势。当今，经销商无论以哪种方式协助或帮助种植户解决资金困难都是在竞争中脱颖而出的绝佳途径。

农化服务能做的事情是多方位的，广西田园的高功效设备如无人机、设备、打药队的建立都是开展农化服务的有效做法，经销商完全可应用到农资产品的经营中。湖南、浙江等地大量植保技术服务商的强势崛起都是农化服务和全产业链经营的成功做法。

第二节 "农二代"农资经销商何去何从

从事农资行业多年,认识了很多在这个行业有作为的经销商。特别是很多新生代的农资经销商,他们当中有很多"80后",很多人是子承父业,从他们身上我感受到了新时代农资经销商的激情和活力。他们思维活跃、充满激情、创新意识强烈,从他们的身上我强烈感受到中国农资行业的希望。未来的农资行业,他们将充当中流砥柱,将走上舞台,尽情发挥自己的聪明才智。但这样的毕竟是少数。

一、年轻的不愿接班,谁来传承

一个让很多老农资经销商困扰的问题是谁来接班?笔者在为湖北某企业做营销咨询做跨省市场调研时发现老经销商层面的现状是:他们的年龄大,在五六十岁,有车有房有存款,儿女大多都很有出息,有的考上了公务员,有的考上了博士,有的出国留学,有的在事业单位高就。笔者跟很多老经销商交谈时发现,他们觉得自己的儿女很有出息,很自豪。但在问到"将来谁继承你的事业"时,他们的回答惊人地相似:"我干了半辈子农资,又苦又累不光鲜。我们吃苦为的就是下一代出人头地、光宗耀祖,干农资有什么出息？"有的农资经销商已经在大城市买了房子，准备再干几年就收摊，到大城市和子女一块生活，享受天伦之乐。

二、年轻有为者遭遇发展瓶颈，何去何从

在和新生代农资经销商交谈中，我感受到他们想要变革的内心冲动，但是他们又很困惑，不知道下一步如何走。当我问他们如何看待行业的变化时，他们很多人告诉我说农资行业的模式得变一变了，现在的很多模式已经无法再适应当前的时代需要。有这种想法很正确，中国的农资行业经历了最初的草莽时代，由粗放发展期到自由竞争期，再到混乱期、整合期，又到模式期。

三、营销是否也过时，自身如何转型

当前中国农资经销商面临的问题是，很多人开始强烈地意识到必须进行模式变革了，但却不知道问题的答案，他们非常迫切地想得到答案。但这几年农资行业出版的一些指导农资经销商发展的书都是关于营销管理的，有很多东西是来自其他行业，并不适合当前农资行业的现实需要。现在的农资行业不乏营销理论，缺的是真正具有创新性的东西。当前，"营销"已经成为一个过去时态，说过去时态并不是说它过时了，而是一些观点已经过时了。我们迫切需要那些从当前这个时代出发、操作性较强、具有颠覆性的东西。一个行业没有颠覆就没有进步。说句实在话，现在很多经销商在营销方面的进步非常大，嘴里时不时也冒出一些

时髦的营销理论，但对于自身模式的发展问题，却很少思考过。

四、区域市场发展受限，如何快速突围

农资行业正走在一个历史的交叉口上，战略营销应该被提升到重大命题的高度来审视，而模式问题应该归为战略营销部分。

农资行业当前存在的一个致命问题是有营销无战略，有营销无系统。

无论是对农资生产企业还是经销商而言，战略营销或者系统营销应该被当作核心问题来重新审视。

山东淄博一个"80后"女性农资经销商在QQ上向笔者提出了很多棘手的操作性问题。比如，区域市场竞争激烈，非常困惑，不知道用什么办法才能快速地突围。她面临的问题是年轻农资经销商群体普遍存在的问题。事业面临一个无法迈过去的坎，面临资金、人员、管理、营销、推广等问题。笔者问她有没有思考过自身的模式转型，她对这个问题感到陌生，她会想：现在只想着如何快速消化库存，立马变现，还来得及思考模式的问题吗？似乎这是大型经销商应该迫切做的事情，中小型经销商就没有必要做。笔者认为，在速度制胜的未来，如果你不想被淘汰，就要率先进行模式变革，变则通，通则久。

在这里，我觉得有两个重要阶段必须引起经销商的关注，农二代经销商必须谋变突围之道。

1. 财智联盟阶段

厂商一体化阶段，厂商相互忠诚，着眼未来，互相为对方考虑，为对方的利益着想，以实现双赢为联盟目标。厂商之间建立

联盟，有两个方向：一是经销商向制造行业发展；二是大型厂家向商业流通行业发展。不论是厂家还是经销商，在这个过程中都实现了产业链的一体化进程。厂商之间建立联盟，有常见的三种合作模式：一是厂商纵向一体化合作模式；二是厂商资本一体化合作模式；三是厂商横向一体化合作模式。产业资本和商业资本的相互渗透，营销渠道价值链的长期战略与长远利益，使厂商联盟达到更高的境界。由于经济的全球化，以及跨国集团的兴起，厂商之间的纵向一体化、资本一体化合作模式逐渐被横向一体化合作模式代替，也就是围绕一个核心厂家的一种或多种产品形成上游与下游厂商的充分战略联盟。在这些厂商之间进行商流、物流、信息流、资金流等多个层面的一体化运作。

2. 战略伙伴阶段

在未来，随着农资市场竞争的日趋白热化，产品、服务、价格、促销等手段导致硝烟四起、烽火连天。厂商双方均意识到互相更换的成本，于是厂家需要选择实力雄厚、信誉良好的经销商与之建立长期稳定的伙伴关系，才能及时发现市场变化，抓住市场机会，制定市场策略，在市场上立于不败之地。反之，经销商也需要与厂家建立长期稳固的关系，保证产品销售的连贯性、政策执行的延续性和工作合作的协调性。

厂商之间是一种长期战略合作，追求系统利益最大化，其价值主要体现在战略过程的协同性、信息沟通的双向性及营销活动的互利性。此阶段存在的问题主要表现在：双方之间的互信不容易形成，需要有长期合作的基础；双方的利益诉求点不同，要达到平衡比较难；由于区域市场的原因，导致厂家的产品不能满足所有的经销商；由于厂商之间的不平衡，容易产生经销商跟不上厂家发展思路，厂家不能很好地引导经销商等。这个阶段的特点是，市场供大于求，厂商均希望能找到良好的合作伙伴，形成战略同盟，属于同梦难同路。

在未来，厂商不仅仅是抱团取暖，更需要转变营销思路，进行系统的战略营销变革，要率先引进专业外脑，协助进行大胆创新变革。也许厂商之间的一体化同盟才是更好的出路。

第三节　如何面对化肥行业洗牌

2015 年，化肥行业充满了变数与挑战，国家相继出台了一系列方针政策，试图规范和调整化肥行业的经营环境。一般来说，国家政策的宏观调控作为完善市场经济的一种必要补充手段无可厚非，但 2015 年的政策之密集、调控力度之大、影响之广泛是前所未有的。虽然看不见硝烟，但可以预见的是，化肥行业的大洗牌已悄然而至。

一、紧跟产品，做好农化服务

化肥零增长规划是国家打响化肥行业整治的第一枪，从根源上掐断了传统化肥的发展动力。大家对新规划的争议尚未平息，规划对应的行动落地方案不期而至，速度之快也是历史少见。

应对之策：逐利是企业的本性，蛋糕就这么大，高效且具备高价值的新型肥料是企业发展转型的必然之举，在可以预见的未来，传统的配方复合肥会成为"尿素第二"，苟延残喘。但就现实情况而言，能引领产品创新的企业极少，大多数企业能做的就是紧紧跟随，这对企业抓机会和市场灵活性提出更高的要求。毕竟在水溶肥破万的时候，你的企业才开始推缓控释。

当然，除了紧跟产品，或者说很多人开始反思"概念时代"

的结束，你的企业仍然还有一个希望，就是农化服务。化肥零增长的最终落地是肥效利用率的提升，单纯依靠农民的觉悟是很难达到这一点的，所以需要企业甚至国家层面去推动。土地流转改变了接受农化服务的主体，使其对科学种植更具备主观能动性，这个过程也将促使企业农化服务价值空间的有效形成。没有哪个企业能真正覆盖全国市场，靠产品不行，靠服务更不行。复杂的区域特征和农村的社会关系网能带给地区服务性企业巨大的生存空间。在这里不再做利润和服务谁先有的讨论，意识不到大趋势下的必然性，口舌之争没有意义。

二、重塑产业生态链条

继国家取消棉花价格保护导致棉价暴跌50%之后，2015年的小麦价格也由过去的1.2元过山车般掉到了0.9元，这还是面粉厂的到厂收购价，农民得到的只会更少。农作物价格的暴跌，让农民种田的积极性降到了历史冰点。拿点儿国家三农补贴，外出打工挣钱成了大多数农民的选择，后果就是大面积的土地荒芜。

应对之策：市场的构成是买方和卖方，化肥是极度失衡的买方市场，因此买方的需求波动是我们必须重点关注的。当然，担心没人种地有点儿杞人忧天，毕竟任何土地改革都需要一个过程，伴随着食品安全、城市反哺农村、农业工业化，农民职业化是未来可预见的。作为企业，看到趋势的同时也得把握住当下的机会。伴随着农作物跌价，农民可投入资金减少，高含量、高概念性的肥料推广必然受阻。危机时刻算经济账是小农思想固有的局限性，兜里紧张的农民虽然不会再有用50+高含量复合肥种水稻的豪气，但这也为低含量、真肥料的短暂爆发提供了机遇。在肥料高度同质化的今天，当农民发现低含量的复合肥也够用的时候，在一段时间内你也是成功的。

在产品上回归，给农民减小压力的方法也只是治标不治本。长远来看，重塑整个产业生态链条才是终极解决之道。这并非好高骛远，很多合作社的新型合作模式就是千里之行的足下第一步。统采、统种、统防、统收、统售，集中捆绑降低种植过程成本，集中销售增加谈判筹码，有的合作社甚至引入资本与期货平台，规避市场价格波动风险，保障社民收入；有的合作社还做产业链延伸，出售更高附加值的产品，这些都是值得化肥企业学习和借鉴的。在这方面，业内以模式创新著称的芭田再一次走在行业的前列，甘蔗、火龙果都已经成为芭田跨界营销、重塑产业链的明星试点工程。先驱在前，谁又会成为下一个跟随模仿者呢？

三、大企业转型，小企业建立根据地

2015年9月1日，争议多年的化肥增值税终于以恢复增收落下帷幕，带给企业的直接影响就是每吨成本上涨40~50元。当然，这只是众多涨价风波中的一环而已。2015年年初铁路针对化肥的运价已经进行了上调。相比2006年的每吨公里0.0498元，化肥铁路运价在10年间上涨了400%，达到每吨公里0.1551元。紧跟运费的是电价，2016年电价上浮0.1元，对于有相应配电产业的企业而言，可能上涨幅度只有0.08元，但部分企业上涨幅度可能超过0.2元。还有天然气，虽然不是涨价而是下跌，预计幅度在0.5元左右，对气化工的企业是利好，但对更多煤化工企业而言则是噩耗。因为当下气化尿素的成本为1200元，而煤化尿素的成本则超过1400元，天然气价格的调整几乎将煤化工尿素厂家逼上绝路，尤其是那些纯尿素厂家，没有复合肥等其他产品线的利润支撑，停工可能是最佳选择。

应对之策：根据国家统计局 2006—2011 年的数据，农民每亩化肥投入金额上涨额近 40 元，基本等同于农民在复混肥上投入的增长。数据还显示，除尿素保持平稳外，碳铵、磷肥、普钙、钾肥等大肥的投入均处于递减趋势。大肥原料化进程逐步提速，这也是化肥零增长而新型肥料、生物制剂、有机肥逐渐兴起的根本动力。

不转型是等死，乱转型是找死，慢转型是必死。大肥企业转型不是简单地多延伸一款产品，更多的是观念和制度上的削足适履。很多企业在寻求解决方案的时候，一味地强调"要适合企业"，这种执拗"定制化"的背后，一定程度上阻碍了对新事物、新思想、新模式的吸收。"要走美国路，必穿美国鞋"，这也是为何行业内标杆既不是资源丰富的湖北企业，也不是依靠能源的合成氨企业，而是真正依托市场而生的山东企业。

上述是针对大肥企业转型来说的，对于本身是复合肥的企业而言，在成本上涨、产品竞争力降低、服务短时间跟不上的情况下，天脊在河南一省突破 50 万吨的奇迹应该引起我们的思考。拳头总是比巴掌有力，蜷成一团更容易度过寒冬，利用化肥运输半径的限制，从渠道模式、产品结构、服务特色三个维度，真正意义上构建自己的根据地，稳扎稳打成就区域霸主，不失为一条蹊径。

第四节　种植户主导时代下的
厂商经营之策

很多行业人士说 2015 年市场疲软，2016 年市场"惨不忍睹"，"农资行业的销量去哪儿"这句话甚至相当流行，大家更多归纳为农产品价格低，玉米等粮食收购价格低，农户种植积极性降低了，用药用肥量减少了，所以市场萎缩了。2016 年不管是生产药还是生产肥的厂家都感到市场十分难做，渠道商都感到利润很薄，赚钱大大减少了确实是不争的事实。南方略认为，固然有这一因素的影响，但是作用十分有限，其实市场难做的根本原因不是农产品和粮食作物价格低，而是行业已经进入种植户主导时代。然而，厂、商仍然停留在过去自己主导行业时代，享受着坐着就能大把赚钱的好日子不能自拔；角色仍然没有转变，或者说已经跟不上时代，过去传统做法已经不能适应、不能满足种植户主导时代的要求了。

一、中国农资经历的 3 个阶段

农资产品最重要产业链由"生产厂—渠道商—种植户"构成，看上去密不可分，但是链条中的每个成员在不同时期的"江湖地位"，即主导作用是完全不同的。应该说中国农资经历了三个时期：1995—2004 年是厂家主导时代；2005—2014 年是渠道商主导时代；自 2015 年开始进入种植户主导时代。下面分析一下每个时期的竞争特点。

厂家主导时代：1995—2004 年。典型特征是厂家特别牛，生产了一个功效好的产品，经销商争着代理。据笔者所知，某山东知名复合肥品牌在广东省更换经销商频繁，只要经销商不能完成销量任务立马就被换掉。为什么？因为可选择的经销商多，产品不愁没人代理，东方不亮西方亮，厂家处于强势地位，想选择谁就选择谁，什么时候想换就什么时候换，往往一个业务员或区域经理就能决定换掉经销商。

渠道商主导时代：2005—2014 年。典型特征就是我们常说的渠道为王、终端为王。这时候渠道商成为最重要的资源，可以说一个品牌在区域市场销售如何、销量多少是由渠道商决定的。优秀的、有实力的渠道商已经被好的品牌占领了，相当一部分渠道商走向主营、专营之道，开发优秀的渠道商已经非常困难，因为经销商、零售商对各个品牌的产品、政策及市场操作手法基本非常了解，没有实力的厂家根本无法与优秀的渠道商合作，因为推广一个新品牌是要花时间、花精力的，是要投入资源的，他们不想再花大力气了。

种植户主导时代：自 2015 年开始。典型特征是土地流转速度加快、土地流转面积快速增加，农场、基地、合作社发展十分迅猛、数量众多。比如，马铃薯基地、葡萄基地、香蕉基地、蔬菜基地、苹果基地等遍布全国，可以说中国已经进入大户时代。前 20 年是以散户为主的时代，现在逐步进入基地时代，进入大户时代，散户的种植户数量与种植面积不断减少。大家争相进入基地市场，大户在种植产业链中的话语权也极大地提高。

种植户主导时代，也就是大户主导时代、基地主导时代，基地大户与散户的需求具有显著的变化。基地大户更关注品牌，关注投入产出比，需要专业技术服务指导，更加重视体验价值，特别是对资金有了十分明显的需求；散户购买时主要是从众心理，就近购买，零售商的推荐占70%的影响力，意见领袖的作用巨大。

南方略认为，在种植户主导时代，厂家、渠道商应实施下面的应对之策。

二、厂、商需要从产品思维转变为作物思维

散户时代，厂家、渠道商就是卖产品，一款产品行走天下，什么作物都可以"通吃"，南北市场可以用，东西市场也可以用。厂家业务员主要是与一级经销商打交道，偶尔到零售商那里转转，当然农民会、观摩会、促销订货会、示范田、试验田还是要做的。

基地时代的到来，也就是大户时代的到来。基地大户对厂家、渠道商最大的要求就不能再是产品思维，而是作物思维。比如，生产肥的企业要真正打通"测—配—产—供—施"的各个环节，根据作物的生长规律和土壤的特质进行测土配方，真正做到作物专用、基地专用，需要专注作物种植基地及种植大户，进入"专用肥+测土配方"频道，需要掌握作物的生长发育规律，掌握作物的养分吸收规律，掌握土壤养分的供应规律；需要掌握各种作物的生理周期，需要掌握不同时期的农事活动、肥水管理，掌握各个时期病虫害发生规律，进行预防及用药。

三、厂、商农化服务必须脱虚入实

散户时代就是真正的产品思维，业务员主要做渠道商的工作，厂家、渠道商也在大讲特讲"农化服务"。但是，绝大部分没有专门的服务组织与团队，成立了散，散了又成立，熙熙攘攘三五人，一句话，就是虚头巴脑、"忽悠"，大家都不愿意在服务上投入人力、物力、财力，有概念无行动，似乎不做也不太影响销售和市场。

现在很多厂家的业务员还漂浮在面上，甚至都不愿意下沉终端做市场。为什么销量总是上不去？就是市场做得非常粗放，业务员的时间主要在路上、车上及床上，而不是在田间地头。

基地大户时代，如果一个业务员不熟悉作物、不懂技术，不为种植户提供贴身的农化服务，可以说，基地市场基本开发不了。部分厂家的产品已经通过经销商进入基地，如果不迅速把服务短板补上就会被其他品牌取代。正如贵州西洋肥业公司总经理贾启彬所说："什么叫种植户主导时代？也就是服务时代的到来，狼来了，狼来了，现在真的是来了，农化服务必须脱虚入实！"

一辆汽车整车销售带来的利润只占 4S 店总利润的 30%，70% 的利润来自配件、维修保养，即来自服务。品牌不一样，但是产品越来越趋同。在此情况下，唯有通过服务态度、服务质量、服务水平、服务能力等差异创造不同，从而形成核心竞争力。

当今，几乎所有厂家、渠道商还没有建立服务基地大户、服务种植户的服务体系，没有系统构建售前、售中、售后的服务动作，也没有形成有竞争力的服务能力，金正大、诺普信、广西田园、西洋等企业确实在快马加鞭地布局，似乎也走在了行业的前列。

四、厂、商必须关注种植户经济效益

散户属于自给性种植，是在满足自身吃用下的经济行为，而家庭农场、种植大户、基地大户、大型农场完全是一种企业行为，是以获取最大经济效益为根本宗旨。正如制造型企业一样，其经营是采用最低的原材料成本、制造成本、管理费用、营销费用、财务费用，以最高的销售价格来经营整个企业。

当今，为什么中国的粮食与农产品价格较国外高得多，正如广西田园董事长李卫国所讲，是因为中国种植成本较国外高40%，种、药、肥、农膜、人工等价格与成本居高不下。其实，种植户盈利能力很低，种植积极性极大受挫。今天，为什么我们的农资产品没人要，种植户购买的积极性不高，一个很重要的原因就是产品价格太高。村淘、京东等为什么纷纷进入农村市场，它们发现农资产品还存在大量的赊销现象，说明农资产品还是一个暴利行业，所以它们发现有机会，要进入这个行业狠狠挤水分，把毛巾拧干。

到了我们真正帮助种植户、农民算账的时候了，要好好研究如何省心、省事、省力、省工、省钱。不是你的产品不好，而是不合适，因为用完后根本赚不到钱，所以不会买你的产品。

五、厂、商需加大资金投入资本运作

基地大户时代就是比资本的时代，真得面对，因为这是大市场。厂家、渠道商都已经进入资本时代，没钱、钱少，这个市场你做不了。将来都是大户、基地，你不做基地市场，将来就被淘汰出局。逆水行舟，不进则退，慢进也是退。

所以，种植户主导时代，厂家、渠道商必须提升资本运作能力，提升资本整合的能力。一是观念上要改变，敢于接触资本，敢于借力资本，善于借力打力；二是方法要多，路子要广，走出去、引进来，与银行、投资机构、互联网金融服务机构、实业企业等广泛开展合作，方能立于不败之地。

【案例8】 广东肥企全面输给山东肥企的深层次原因

笔者一直很想写篇文章，那就是关于广东与山东两省肥料企业的比较。一个重要的原因是"两东"都属于经济发达地区，2015年广东GDP 7.28万亿元、山东6.3万亿元，一个为全国第一名，一个为第三名，势均力敌。为什么经济发达？通过笔者多年观察发现，广东与山东"两东"人有两个非常相同的共性：一是胆大，二是务实。广东属于改革开放的前沿，众多行业走在全国前列，并且广东产品与品牌深受全国消费者的信赖，潜移默化中已经形成了广东产品就是领先的、时尚的、品质好的、高端的，广东产品已经是"高端"的代名词，一直在引领，从未被超越。

但是，在复合肥行业，广东除了芭田一枝独秀外，恰恰相反，山东成为先进的、规模大、有品牌的、有影响力的代表，成为复合肥行业的第一基地（第二基地应该为湖北，以新洋丰、三宁、鄂中、祥云、华强、迪斯科等为代表），成为领先的代名词。山东复合肥企业如金正大2015年销量过300万吨、史丹利过230万吨、鲁西达到140万吨、施可丰也达到120万吨，过百万吨的企业有好几家，且属于行业前十名。重要的还不是当前的这些数字，而是这些山东肥企在发展的趋势上呈现出强劲的势头。2016年，金正大前三季度财报显示销售收入为174.17亿元，增长率为7.28%，净利润为11.38亿元。前三季度史丹利销售收入为46.63亿元，下滑 24.60%，净利润为 4.64 亿元，但"瘦死的骆驼比马大"。

再看看广东，芭田一枝独秀。实事求是地讲，芭田近几年的发展速度缓慢，应该说销售规模还没有超过 80 万吨，一直在七八十万吨徘徊，停滞不前，不进则退，慢进也是退。从上市公司财务报表来看，2016 年前三季度芭田销售收入为 15.54 亿元，还出现 17.31% 的大幅度下滑，净利润为 1.27 亿元。广东其他复合肥企业如拉多美、福利龙、大众等年销量多为 20 多万吨（拉多美销量更大些，但也没有达到 30 万吨），不仅规模小，且多年来没有起色。"两东"肥企做复合肥其实都没有先天的资源，在资源上没有优势，但是，地处改革开放的广东肥企输给了山东的肥企已经是不争的事实，直接点儿说，广东复合肥企业已经全面输给山东复合肥企业。作为南方略领军人物，笔者有一句会招来众人怒骂的谬论："山东的复合肥企业像太阳，广东的复合肥企业像月亮。"

广东复合肥企业为什么全面输给山东复合肥企业？为什么说"山东的复合肥企业像太阳，广东的复合肥企业像月亮"？出现这一现状的深层次原因是什么？

一、山东肥企更多是品牌导向型，广东肥企更多是营销导向型

根据笔者多年观察分析，中国复合肥行业的战略发展方向分为五大类导向。

第一类企业是资源导向型。典型企业是湖北的企业，如新洋丰、鄂中、祥云、三宁、华强，有磷矿、有资源，因为有原材料优势。所以，多采用高性价比策略，即同样的东西，价格比你便

宜，同样的价格，东西比你的好很多。

第二类企业是营销导向型。典型的是广东的芭田，产品系列多，产品效果好，包装好；经销商数量多，渠道在业内率先实现扁平化，从总代理到地区级，再从地区级到县级，率先在行业做终端，开展终端工程；最早业务员数量多，重视终端技术推广，强化农化服务，开展丰富多彩的终端促销活动，形式多样。

第三类企业是品牌导向型。最典型的是史丹利，10多年前就请形象代言人，如高塔请陈佩斯、第四元素请王宝强，最早在央视七台大手笔投入硬广告，"红土地、黑土地，用肥就用史丹利""史丹利，世界人民都在用"等经典广告语家喻户晓，请央视主持人、直升飞机的传说也成为行业先行者。

第四类企业是技术导向型。虽然撒可富近期有一些战略调整与变故，但笔者一直认为其是本土行业技术导向的典型代表。

第五类企业是服务导向型。如红四方拥有全国首家农化服务中心，致力于在农化服务先行一步；贵州西洋2016年提出"农化服务脱虚入实战略"，都是一种服务导向。产品可以同质，服务难以模仿；产品是形，服务是魂。

可以说，山东肥企更多的是品牌导向型，广东肥企更多的是营销导向型。品牌导向就是"向上走"，就是在传播上舍得投入，重视传播，舍得请形象代言人，在电视乃至央视投入大量硬广告。2014年鲁西在央视投入的广告费为6000万元，2015年为1.5亿元，金正大、史丹利都达到了这一数字。然而，广东肥企是典型营销导向，即"朝下走"，即在渠道下沉，终端、促销推广上下足功夫，他们认为请形象代言人、在央视投入广告很"没底"，投出去的是真金白银，但是能否对销量起作用没有底，广东肥企是典型的"脚真正踩在硬地上才会放开跑"的企业。

虽然肥料属于农资行业，用户是农民，但是，化肥早已进入品牌时代，品牌知名度大的产品更好卖，而且价格更高，经销商、零售商也更愿意代理品牌知名度大的厂家。众多农资厂家说这个行业是不讲品牌的，实实在在地把质量做好就行了。恰恰相反，在央视投入广告更多的史丹利、金正大、鲁西、红四方等企业这些年发展得更快、销售规模更大。今天是该转变观念的时候了，不只是消费品需要品牌，农资产品也步入了品牌时代。

在品牌时代，在打造品牌方面，广东肥企与山东、其他众多省份肥企比较，确实略逊一筹。

二、山东肥企全国布局厂家众多，敢于进攻；广东肥企绝大部分偏安一隅，不敢走出去

一是基地全国布局，山东肥企布局全国基地多于广东肥企。如果没说错，金正大在全国有11个生产基地，史丹利在全国有10个基地。芭田具有深圳、江苏徐州、广西贵港、贵州瓮安、湖北钟祥、辽宁沈阳六大生产基地，也正在走向全国布局；拉多美斥数亿元巨资建设的河南宁陵新基地百万吨高塔腐植酸钾复合肥生产线已投产，可谓动作不小。但是广东其他肥企鲜有走向全国布局的。

二是广东肥企属于营销导向型，业务员数量上却远不及山东肥企。山东肥企做营销导向也是非常深入的，比如，金正大业务团队高达2000人、史丹利超过1500人、鲁西也是近千人。芭田业务员前些年人员数量不少，经过调整，现在也就300人左右。有很多农资企业认为，做业务不需要那么多人，但是，我们发现做肥料领先的金正大、史丹利、新洋丰及鲁西等业务员数量就是比一般厂家多很多，做制剂领先的诺普信、广西田园等业务员数量也很多。

三、山东肥企广泛借鉴经验，广东肥企太专注"芭田经验"

芭田是中国复合肥行业第一家上市公司，是"硝硫基"的典型代表；芭田又是经济作物肥、高端肥的代表。特别是芭田的营销创新能力与技术创新能力在行业备受推崇，南方略一直建议同行业企业要认真学习与研究。芭田自1999年起在复合肥行业中首推"金网工程"，采用深度分销服务的营销模式，建立起以县级为物流中心的渠道网络，2007年芭田的经销商多达700个，零售网点已近20000个，当年销售人员近500人。根据市场的重要程度决定相应的营销策略等，芭田的技术创新能力也一直引领行业，成功之处不在此一一言表。

但是，我们发现广东几乎有一定规模的肥企，管理人员、业务员从芭田出来的不少，甚至有的老板也是从芭田出来的；在产品与营销手法上，时刻能看到芭田的影子。这也是为什么广东没有出现超越芭田肥企的重要原因。广东肥企请咨询公司，甚至也是要请从芭田出来的咨询师，因为要学芭田经验。今天的芭田在行业绝对具有代表性，但是，从销售规模上早排在前十名之外了，金正大、新洋丰、史丹利、鲁西、红四方、新都、中东、三宁、施可丰、六国、鄂中、心连心、开门子、西洋等都已过百万吨。山东肥企视野更开阔，胆子更大，敢于进攻。走出去，请进来，在这点上，广东肥企就显得十分保守，没有把广东改革开放前沿阵地的气魄充分展现出来。

写这些，不是想有褒有贬，更多的是想让大家思考。没有最好，只有更好；有则改之，无则加勉，也共勉。

【案例9】 华强复合肥为什么这么"黑"

2015年,在华强化工切入复合肥的第五个年头,年销量正稳步迈向50万吨。虽然仍无法比肩金正大、史丹利、新都等品牌厂商,但考虑当下复合肥行业所面临的复杂环境,华强化工作为后起之秀仍算得上是行业的一匹黑马。

华强化工以珍珠泉尿素起家,进入复合肥既是战略性下游延伸,又是对新业务领域的探索。但相比尿素行业简单的价格导向,复合肥一直处于过度营销的纷乱状态,新的口号此起彼伏、新的概念层出不穷、新的模式争先恐后、新的技术眼花缭乱,"互联网+"更是以"行业生态重塑者"的身份要革传统营销的命。但这一切都被一心埋头赶路的华强忽略了,没有挑动人心的口号,没有神乎其神的技术,更没有新奇的潮流模式。在大家看来,华强的营销也许太落伍了,但5年的坚持和50万吨的销量证明了华强不只有"初生牛犊不怕虎"的勇气,更显示出华强"行到水穷处,坐看风云起"的潇洒。

一、员工喜欢钱,我们就谈钱

在咨询的过程中,我们不止一次提到,一个员工选择一家企业是为了四样东西：赚钱、赚快乐、赚成长、赚品牌。钱最俗，也最直接。快乐、成长、品牌是间接的收获，并且需要一定的认知和远见才能体会，但对在县域空间生活的人来说这三者并没有太多的意义。今天的华强化工已是横跨热电、化工、建材、塑业、面业、化肥等多元领域的集团公司，但其人才来源仍然局限于当阳一县之地，有当年国营时代的老员工，也有新生的厂二代，更少不了捋不清的社会关系户。员工背景复杂，但他们进入华强的目的非常简单，也高度一致，就是为了挣一份体面的薪水。

员工喜欢钱，我们就谈钱。在经历破产倒闭、企业改制之后，华强人"大锅饭"的观念得到彻底的洗礼，"按劳分配、多劳多得"的市场化分配机制渐入人心。这一观念的转变，奠定了华强化工改制复产后飞速发展的基础，也是华强复合肥销量扶摇直上的原动力。华强化工切入复合肥市场较晚，没有革命性的产品，没有专业复合肥销售队伍，仅有多年尿素经营攒下的一点渠道家底儿，基本算是"白手起家"。

在这种情况下，好不容易从生产线上求来的销售团队不到半年就散得干干净净。企业激励员工的手法有很多，但在现阶段只谈发展不鼓腰包就是死路一条。现实迫使华强重新思考，产品、渠道、服务等劣势短期内很难弥补，唯一能快速、有效、激发的就是员工的主观能动性。于是，包干制上马，去掉基本工资，拉高销量提成比例，业务员自行承担费用，只要一个人有本事按照公司给的价格把任务量卖出去，该发多少钱就给你多少钱，自负盈亏但也不设薪资上限。极其地简单粗暴，却十分有效，面临市场的竞争淘汰，员工的积极性最大限度地被激发，"羊"变成了"狼"，哪怕只是"土狼"，也能恶狠狠地从对手嘴里抢下一块肉。

包干制不是华强化工的原创，也不是多么高端的手法，甚至可以说是一种在 KPI、平衡计分卡、360 度等舶来理论多年洗刷后许多中国企业纷纷想要淘汰的机制，但为什么仍排在缔造华强黑马三要素的首位，是因为华强选择包干制在一定程度上找到了自己的"真北向"，而不是"磁北向"。"真北向"不依赖地磁场，不受磁场干扰，是一个不随参照物和环境变化的恒定方向。"任它风云变幻，我自横刀立马"，华强化工没有迷失于外界所谓的趋势和潮流，而是坚定地走适合自己的路。

二、价格战，没人想打又必须打

奔波在今天的市场，谈品牌的感觉总体上是优于谈价格的，但订单的达成光靠感觉不行，价格仍然是买卖双方博弈的焦点。华强化工做复合肥之初，恰逢众多大牌在央视开启了刷屏模式。强者林立，华强选择了价格战。

不想打，却又必须打。因为市场经济就是过剩经济，对手根本不会给你积蓄能量的时间，快速放大优势才是王道。首先，华强化工地处湖北腹地，在 500 公里销售半径内，能充分发挥鄂肥南征北战的区位优势，攻略华北、华中、华南等多个农业大省。其次，华强以尿素生产起家，又紧邻宜昌荆门等磷矿产地，氮、磷资源优势明显，在成本控制上具备先天条件。再者，华强经过 40 多年的探索总结，形成了一套高效的生产管理体系，仅 2014 年一年就综合节能创效 6000 万元，在无形中进一步摊低了生产成本。这些优势综合在一起，为华强复合肥价格战奠定了良好的基础。

价格混战如猛虎，损人吃利害市场。虽然华强被动参与了这场战争，但也对价格战的危害做了前瞻性预防，画下了四条红线。

一是企业经营以盈利为目的，价格战的底线是零利润保生产费用，赔钱赚吆喝的事儿不干。

二是绝不牺牲渠道利益，尤其是终端利益来换取市场，因为在没有品牌影响力的情况下，零售商的评价就是产品最好的口碑。

三是产品质量是生命线，降低成本可以靠技术创新，可以靠流程优化，但绝对不可以靠偷含量，坚决不让不合格的肥料流入市场。

四是有效控制价格战范围，对于大路货、高度同质化的产品，以价格换市场，但对于高附加值且处于快速爆发期的新品，以市场换利润。

5年来，华强复合肥的价格虽经过多次提价，但仍然维持在二线水平。可以说，在未来很长一段时间里，华强复合肥的发展会继续享受着价格战带来的红利。值得肯定的是，华强在充分发挥价格战作为市场爆破工具价值的同时，也清醒地守着红线不动摇，尽力规避价格战失控，以免彻底搅乱市场，成为业内的"眼中钉"。

三、老板，民营企业的支撑板

"如果我不在这个位置，3年之后，华强基本会烟消云散。"这是我们在与华强化工董事长余华强先生沟通时他多次提到的观点。随着对华强越发深入的了解，我们也逐渐理解这句话并不是自负的诳语，而是一种自信的无奈。

人管人一条线，制度管人管一片，文化管人管全面。华强化

第四章
新农资行业经营突破之道

工管理之严格,在当地广为流传。部分是化工作为高危行业的特殊性所致,但更多的是余董事长几十年不遗余力地推行制度化管理的成果。厚如《辞典》的制度条例为华强人在园区内的各项工作行为都树立了标准和规范,配套考核体系及时奖罚,保障制度的贯彻执行。此外,集团企管部每年都会对在行制度进行审核梳理,以保持制度的新鲜度和高效性。正是这样一套完善的制度管理体系,才能骄傲地说出"华强的一个车间主任出去能胜任一厂之长"的豪言壮语。

在华强,事务性的工作走流程看制度,但创造性的工作却是一言堂。这并非余董事长擅专独断,而是下属团队"打工主义"的必然。每个人在做好分内事之后都静静地等待着老板的指令,很少有人去思考华强的未来,这是余董事长的无奈。曾经有一个观点风靡管理界——老板的境界和格局是企业最大的天花板,这句话从某个角度来说是对的。但碰上爱学习、爱思考、有悟性的老板,老板反而是企业的支撑板。

在 2015 年直管复合肥以后,余董事长先以"公平、公正、公开"为销售工作开展原则,彻底打消业务员的工作顾虑,再以"接待就是生产力"为宗旨,向经销商全面展示华强的新形象,用细节塑造感动,受到经销商高度赞誉,开局亮招就完全激活了整个华强的销售链条。当行业还在为增值税征收与否争执不下时,余董事长再次果断决策将每年年中设备常规检修延后,仓库原料挪外码堆,双高塔全力生产。到 8 月初征税通知下达,不到半个月,4 万多吨库存瞬间卖空,账面倒挂 1 万多吨……类似的成功不胜枚举,不论是前瞻性的观点判断与方向把握,还是实际性的问题考虑与政策落地,都能展现余董事长在几十年企业管理过程中积累的思考与智慧。面对华强今日的成功,团队的功劳不可没,但老板的付出不能因为是老板而被忽视。所以,华强其实是幸运的。

企业经营是一条没有终点的路，50万吨的销量只是华强远征途中的一个里程碑。眺望未来，华强已经做好了再次出发的准备：以"成为农民信赖的科学种植服务商"为愿景，以"科学养护中国田园"为使命，积极响应国家化肥零增长政策的号召，发展高效新型肥料，实现产品的转型升级，充分借助"互联网+"全面实现客户管理平台化，同时强化农化服务，贯彻践行"科学种植"，帮助农民真正实现可持续丰收，从而实现品牌形象新高度。

【案例 10】 华强复合肥的经销商策略

六朝古都，玄武湖畔。南京第十七届磷复肥产销会上，超过 10000 人的参观人次、超过 6000 份的合作意向，这张惊人的成绩单为华强复合肥 2016 年的第四个季度添上了一笔浓墨重彩。

回顾 2016 年，整个行业充斥着"寒冬来了"的声音，上游厂家在熬，下游渠道商在熬，农民欲哭无泪也在熬，就连近几年火热异常的农资电商都逐一沉寂。在国家供给侧改革和无形的市场之手双重作用下，占国家 GDP1.5% 的近万亿市场规模的化肥航母在 10 年疯狂加速后踩下了刹车。行业失去了"速度"，化肥企业也就失去了"一快遮百丑"这件外衣的裹挟，赤膊上阵让马太效应更为凸显，行业洗牌渐入佳境。在这样一个充满危机的大环境下，华强依然是"我行我素"，稳扎稳打不盲目求新，以强化自我实力来抵御外界竞争；埋头赶路不好高骛远，力求做实区域强势品牌，逆势扬鞭延续黑马神话。

一、高举旗帜，凝聚军魂

在过去的 45 年里，计划经济和市场经济都曾是华强的履历。

作为一个老国营化肥厂，华强过去存在的意义是国家需要、民族大义、发展社会主义农业的必需，员工做事是为国家做贡献。后来国企变革转民营，市场经济主导，活下去、赚到钱、把企业做大成为华强人心中新的执念。从几万吨到数十万吨，华强高速发展的背后只是为了赚钱而卖化肥，为了卖化肥而卖化肥。要知道，狭路相逢勇者胜，勇的背后是必胜的军魂。华强迫切需要一面旗帜，去凝聚员工队伍与经销商队伍的军魂。在武汉南方略的帮助下，"农民信赖的科学种植服务商"应运而生，信赖、科学、服务共同绘成华强复合肥新的价值信仰。

这个朴实无华的愿景究竟能有多大的神奇魔力，这个疑问不仅外界怀疑，就连华强内部也有反对的声音。其实并非不能赋予华强高端大气的话语，而关键在于如何落地？走访完华强的传统市场区域，"8361"（8代表80岁，指老人；38代表妇女节，指妇女；61代表儿童节，指留守儿童）的现状决定了任何话语在农村都是失效的。仅仅是因为第二年翻耕发现头年的某个品牌的产品未完全融化就判定肥不好进而改用华强复合肥，测土配方和测产对比沦为空谈，这样的例子比比皆是，足以说明农民层面的信赖、科学、服务是多么地畸形。

因此，看似对农民的话语，真正聚焦的落脚点却在华强的经销商队伍。

一是加强信赖，充分发挥湖北磷矿资源优势，紧守品质红线，加上尿浆造粒少缩二脲的技术优势，从肥效上比肩市面一线品牌，抓住农民心中最基础的信赖，让经销商无后顾之忧、大胆卖。

二是顺应科学，真伪混合型科学。比如，进一步延伸产品线，氯基、硫基、硝基、水溶肥、有机肥、微肥、特种肥等一揽子品种，交叉使用确实增肥效是真科学，品种搭配销售更具竞争力是伪（种植）科学。十万种植能手进华强，全面科学的种植知识的普及教育又是真科学。商户学到知识增加了"金嘴"的含金量，又拿到丰富的产品，推销起来更有竞争力。

三是做服务商，不是服务农民而是服务经销商，销售管理信息化改革、财务管理信息化改革、物流管理信息化改革等系列举措，都只为高效、便利地服务经销商，让经销华强的商户都能轻松、明白地做生意，这在天天喊着"终端为王""电商革命"的大环境下，大大地提升了华强经销商的积极性。

提炼一句口号很简单，但真正落地却很难，落地之后有效果却是难上加难。华强的做法也许并不先进，但却最适合当下的华强，相信每一个细节背后，凝聚的一定是那颗在寒冬中依然火热的华强心。

二、一单一议，人人都有定价权

有时候，企业的输赢不是企业决定的，而是由经销商决定的。华强复合肥过去几年的快速增长，离不开价格战带来的红利。虽经过多次提价，但目前仍然维持在二线水平。但2016年华强复合肥在延续过去价格优势的基础上，祭出了更有杀伤力的武器：人人都有定价权，将华强的价格优势彻底转化为华强经销商手里的一把尖刀，在市场寒冬和众多品牌的围剿中杀出一条血路。

早在2016年春节前，各厂家都忙着出价试探市场，华强的业务员团队也在公司会议室里等待新价格政策的出台。出乎所有人意料的是，不同以往盯着三宁，抑或是紧追洋丰，华强2016年的价格政策只有三个字：没有价。是的，华强复合肥在过去的一整年中没有任何指导价。业务员、销售部长、营销总监可以在各自的权限范围内自由出价,而销售公司老总和集团老总则各自掌握着销售和生产两道无利润价格红线。一单一议,灵活处理,最大限度地提升一线业务员的话语权和抓单的能力。

过去,华强与其他化肥企业一样,实行区域差异化定价,终端的价格差异多为运距的差异,而且差异的区域最小也是地级区域或省级区域的差异。一方面,与竞争对手之间的价格政策博弈很难把握;另一方面,以经销商为最小单位的差异竞争很难实现。但人人都有定价权却很好地解决了这一难题。

在价格出台前,无须试探与揣测对手的定价,因为不管对手报价多少,华强一线业务员总能在第一时间了解到,而且无须上报公司就能自主决策,既减少了公司评估与预测误差,又提高了对市场的反应效率。更重要的是经销商的个性化需求能快速被满足,要知道哪怕在同一个区域的不同经销商面对的竞争对手并不一样,对手代理的品牌和价格也不一样。过去的区域定价在区域范围内是一刀切,但现在经销商可以个性化地定制价格,既能满足价格竞争需要,又不至于让利润被价格战吞噬。就这样,无论竞争对手有无反应,或反应快慢,华强都掌握了先机,立于不败之地。

三、12580,华强来帮你

做生意,谁都不想丢失客户。华强如此,华强的经销商也是如此。作为经销商的服务商,只有帮助经销商解决问题才能确保华强的客户不流失。正如前面所述的产品问题、科学种植问题、价格问题,当然也包括客户问题。为此,在武汉南方略的帮助下，华强在2016年年初正式启动了12580系统建设工程。

何为12580系统建设工程？即华强要帮助其核心经销商体系完成10000家终端零售店、2000家形象终端店、500家核心终端店、80个种植大户和80块标准示范田的网络建设，实现核心经销商体系25万吨~30万吨的年销量目标。

12580系统建设工程的落地分三步进行：

一是在协助经销商完成10000家有效终端网点开发的基础上，率先完成2000家终端店形象推广的"七统一"，包括门头、集中刷墙、企业介绍、产品专区、村内杆贴覆盖、陈列、促销活动展示等，帮助经销商统一零售队伍形象管理，打造零售专区和专营店。

二是配合经销商、联合终端零售商做会议、促销、技术培训，把产品与技术服务工作搬到村头、田间，通过帮助零售商卖货进而稳定经销商的渠道资源。

三是协助经销商链接资源捆绑当地大户、农场主，充分利用种植大户的专业性和权威性，建设标准性示范田，实现客情维系、产品销售、示范推广等多方面共赢。

外行看热闹，内行看门道。华强的套路似乎异常熟悉，因为几乎行业通用，并且很多企业做这一步的意义无外乎两点：一是深化渠道关系；二是进一步缩短渠道链条，占领终端做基础。华强复合肥作为典型的湖北肥企，惯用"资源+渠道"这把利器，因此套路并无例外。但华强对自身的定位是非常明晰和精准的，就是区域强势品牌。毕竟当下中国的化肥市场竞争格局决定了传统的化肥制造企业很难再成长为全国性的巨头。无论是资源、市场还是国家政策，未来的中国化肥市场只有两种常态：兼并重组和跨界颠覆。

众所周知，营销手法从未有先进、落后之说，也不会因为时间而有新旧之别。断了全国性品牌扩张执念的华强反而把业内人人皆知的套路在优势区域内落地的更加细致与完善，反倒给了华强一个惊喜的收获，也给了行业一个新的经典。

【案例11】向绿业元学习坚决不赊销

一、赊销，农资行业的阿喀琉斯之踵

每年年底，农资行业的农资人总是走在要账的路上。

农资赊销一直都是农资销售中的一个顽疾，是农资人最头痛的话题。农资人对赊销是又爱又恨，爱它是因为赊销能快速发展、快速上量，恨它是因为赊销增加了经营费用、经营风险和资金的流动性。想解决又不知如何解决；如果不赊销，量就上不去，而赊销后风险又特别大。

其实，大多数的农资赊销本可以不发生，因为大多数农户并不缺少你那个钱，只不过是已经习惯了而已。我们知道大多数农户在买农机器、买家具、买生活用品、买其他东西的时候都有钱，唯独买农资的时候没钱，这其中肯定是有问题的。

别人都赊销，所以他也赊销了。

能不给钱先用，就先不给钱呗！

只有不给钱都敢让人用，才能证明他们的产品是可靠的啊！

不赊销，出了问题他不负责！

不赊销，不要他们的货，要别家的！

不赊销卖不出去货啊！

……

去问农户为什么赊销的时候,我们得到那些常见的回答中,里面根本就没有因为没钱所以赊销的。赊销的出现是因为当时一群企业、经销商、零售商为了降低开拓市场的难度弄出来的,后来农户养成了习惯,从而使大规模的赊销反过来限制了整个行业、渠道商的发展,成为行业不能承受的"阿喀琉斯之踵"。

二、不赊销,绿业元,农资行业另类的存在

但是,在农资行业一直有一家神一样的企业存在,一直坚持现款现货,从不赊销,这家企业就是绿业元集团公司。绿业元始于1989年,最开始只是河南扶沟县的农药零售商,后来业务扩展至河南全省,之后拓展至鄂、鲁、皖、湘、赣等十省区,之后布局全国,发展至从事农药精制和营销代理的专业化公司。注册资金1.07亿元,现有员工600多人,代理国内外精品农药180多个,2016年销售收入高达6.17亿元,居中国业内前列,特别是在2016年农资行业如此低迷的情况下,在2015年基础上逆势增长1.04亿元。

绿业元一是能做到不赊销,二是还规模化发展,这是为什么?

绿业元自创业之日起就没有赊销,因为当时没有资金也没有关系,从厂家赊不来货,对客户也赊不起货,只能逼上梁山——现款现货,被迫之举反倒促就了绿业元的成功。

但是,绿业元不赊销曾经也动摇过。在1996年,由于企业几年增长乏力,员工也报怨其他人都赊销,所以工作难以开展。这样,绿业元开始了赊销的尝试,找了4个差不多的片区,两个做赊销,另两个维持不变。

那为什么绿业元最后还是坚持不赊销？是因为绿业元发现了赊销的本质——赊销的根源就是对企业、对产品没有信心。

赊销根本不是销售，产品只是转移到客户的仓库中而已，而且还有可能随时退回，甚至损坏。客户根本没有销售的压力，卖不卖无所谓，最后没有卖掉还会说产品不行、品牌不好，赊销往往会使得销售更加困难。如果卖了产品连钱都不敢收，能让人相信这是一个好产品吗？能让人相信这是一个好企业吗？而且，销售的关键不在于赊不赊销，而在于能不能让客户赚钱。如果产品不能让客户赚钱，赊销也没有人愿意要，会占地方，会耽误赚钱的工夫。

那么，绿业元不赊销是如何做到的呢？

首先，绿业元一直强调关注客户需求和自身能力，从来没有想过要打垮谁，只做自己能做的事情。绿业元从不在市场与竞争对手拼价格、拼促销，也不会因为竞争对手赊销多出量而去改变自己不赊销的理念。而是关注于客户需求和自身能力，在自己的能力之内，尽力去完成客户的需求，完成其他人所不能做的事。

其次，绿业元强调去帮助客户解决实际问题。绿业元一直强调"勤进快销"，小批量让客户进货，然后帮助客户把它的下游做好，帮助客户尽快把产品卖出去，建立起赚钱的示范效应，树立客户的信心。当我们能够为客户解决问题、能够帮助客户赚更多的钱的时候，就不再是我们去缠着客户，而是客户离不开我们，让客户缠着我们。

最后，绿业元关心农户的需求，然后选择适合当地农户的产品。关注分析农户的需求，及时对生产厂家提出要求，按照绿业元的要求加工产品，达到所要求的功效。这样，绿业元的产品就是市场需要的产品，是自己能够掌控的产品，也是能够帮助渠道商赚钱的产品。

三、不赊销，我们要向绿业元学习什么

1. 树立坚定不赊销的信念

不管是企业、经销商还是零售商，要做到不赊销，首先就必须坚定一个信念，坚决不赊销。作为经销商、零售商不能还没坚持两天不赊销，发现零售商、农户去了别处拿货就马上改变主意，又开始赊销起来了。这样又陷入到原来的恶性循环中，永远也跳不出来了。

其实不赊销，渠道商也是照样销售的，在渠道商心目中，赊来的产品是没有比他自己花钱买来的产品更重要的，赊来的产品是没有资金成本的，最多就是一个仓储成本，是没有必要着急套现的。而自己花钱买进来的产品，下次进货还要掏钱，是必须着急套现的，所以农户过来后，他肯定首先推荐的是自己掏钱买来的货，其次才是赊来的货。再一个，买来的产品哪怕利润少点，能出就出，不可能压在手里，但是赊来的产品就不同了，利润少了不卖，反正卖不出去，经销商能拉回去，不拉回去就一直放在这好了，反正是不要钱的。

"赊销是等死，不赊销是找死"，这是当时绝大部分农资企业的共识。一晃多少年就过去了，当年最先现款操作的，大部分不但没有"找死"，反而活得很好，还有不少企业做大做强了！

2. 关注农户的需求

农资产品是作为生产资料的，最终的消费者是农户，是要帮助农户实现增产丰收的目标的。所以零售商最怕的不是经销商不赊销，而是农户不购买。要是农户指定你的品牌去零售商那里

购买，零售商还会要求赊销吗？

所以，琢磨怎么样让农户购买比琢磨怎么样让渠道商去卖重要得多！而要让农户去购买，则需要你去关注农户的切实需求，研发出适合当地市场的产品，然后去踏踏实实地做好试验示范工作，让当地农户都知道你的产品适合当地市场，也能带来很好的效果。而不是在当地见不到你的试验示范田，见不到你们在田间地头指导农户使用产品，见不到你们产品使用的实际效果，就看到你的广告和推销。

3. 优化自身产品结构

对于渠道商而言，重要的是赚钱，他赚取经销你产品的中间差价。如果你有能力保证你的产品能给他带来利益，那么渠道商是不会管产品的进价是多少的，因为他赚取的就是中间差价，是利益，是否掏钱进货是和他没关系的，所以赊销不赊销不是关键，关键是怎么帮助或者保证渠道商能够挣到钱。如果现款进货他没有选择你，只能说明你的产品在他心目中不是最好的，或者说不是最适合当地市场的。

对于农户也是同样如此，如果买产品不用掏钱，谁家给的价钱越低，优惠越大，赊账时间越长，给送上门，就要谁家的。如果要他掏钱买，他就会去衡量利弊和择优选择。也就是说选择他认为最好的那个、最值得掏钱的那个。如果现款没有选择你，只能说明在他心里，你不是最好的那个罢了。

所以，你必须优化你的产品结构，去研究当地市场需要什么样的产品，适合什么样的价位，然后去优化你的产品结构。

奇迹向来都需要创造：2015年"芸乐收"的销售额才3300万元，而2016年就突破2亿元；而且，2016年绿业元首次涌现出一个销售额超1000万元的客户。绿业元认为推广"芸乐收"

最重要的就是要做到：

四勤：勤示范、勤下田转、勤推荐、勤回访。

三不：不过分承诺、不乱价、不赊账。

两有：有自己的实验田、有自己的粉丝团。

一坚定：坚定自己的信念。

在绿业元看来，做农资其实也没有那么复杂，就是聚焦差异化的产品，再做好扎根示范；把复杂的事情简单做，简单的事情重复做，重复的事情坚持做；深入用户的心智，就能让用户认可产品。

范国防认为：农资经销商既面对危机风险，也同样拥有很多机会，关键是如何做。管理、服务及推广三者缺一不可，首先，管理上要跟进一步，不要太超前，发现问题，再去解决问题。其次，服务上要快人一步，服务力在一定程度上既是竞争力，也是生产力。最后，推广上要到位一步，用心和农户交流。推广要有质量，做出标准，这样才能反映出效果。最后，目标管理很重要，没有目标不要谈增长和效益。目标定得低，就提升不了业绩，更提升不了能力。

农资行业的销售关键不在于赊不赊销，而是在于是否切实地关注农户的需求，踏踏实实地去研究适合当地农户需求的产品，脱虚入实地去做好服务工作，包括各区域市场的试验示范工作，指导农户做好病虫害的防疫防治工作，指导农户进行田间管理，从而带来切切实实的效果，那么销售就是顺其自然的事情。

【案例 12】圣迪乐村：一个鸡蛋年销售额 9 亿元

一、圣迪乐村：中国安全蛋品行业领航者

鸡蛋以其蛋白质的高含量和较高的营养价值成为百姓餐桌上不可或缺的食品。但综观蛋品行业 10 多年的发展，安全事件频发。圣迪乐村一直秉承企业文化理念，不断进取，因为圣迪乐村控制了全产业链。

四川圣迪乐村生态食品股份有限公司成立于 2001 年，是目前国内规模最大、产业链最完整的蛋品领军企业。圣迪乐村先后在四川梓潼、四川邛崃、江西丰城、安徽铜陵、湖北襄樊、湖北石首等地建立养殖基地，蛋鸡养殖规模逾 450 万只，每年为几百万个家庭提供不使用抗生素的安全鸡蛋。圣迪乐村的蛋品畅销上海、北京、深圳、广州、成都等 20 余个大中城市，建立了近百家圣迪乐村鸡蛋专卖店，产品覆盖 800 家大型超市及卖场、2000 家便民店、3500 家农贸网点，一跃成为中国蛋品行业的龙头老大，也成为肯德基等国际一流食品企业的指定蛋品供应商。

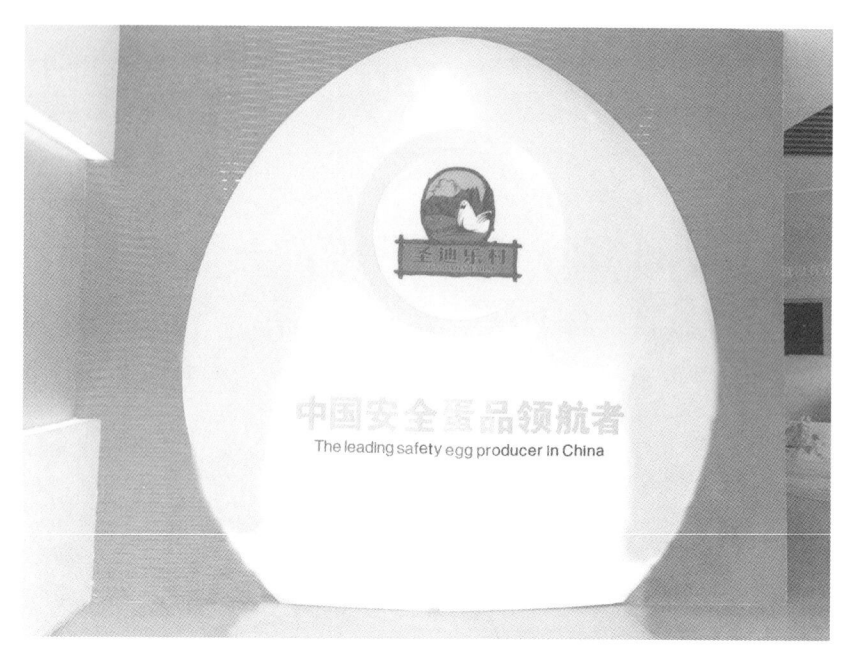

图 4-1 圣迪乐村公司

二、圣迪乐村：产业发展模式的创新者

圣迪乐村模式从创立到建立分布在四川梓潼、四川邛崃、江西丰城、安徽铜陵、湖北襄樊、湖北石首六大养殖基地，带动数千农民走上了致富之路，其全新的模式、科学的理念受到了社会的热切关注。

三、传统农业产业模式的弊端

传统的"公司＋农户"模式，企业不需要投入大量资金建设生产基地，而是将经营的重点放在市场销售上。零散地养殖，企业无法控制饲料原料的标准，而养殖业和工业制造的最大差异就是产品的生产不靠机器，而靠生物体进行生产，整个生长期会受到多种不可控因素的影响，从而很难保持品质的一致性。由于国内养殖户规模小而分散，难以统一管理，技术水平低、养殖经验欠缺，不少农户在逐利的驱动下，选用便宜的含有农药残留的饲料。为了提高产量、缩短养殖周期，小农户在饲养过程中会添加激素和生长剂，所以传统的"公司+农户"的模式并没有从全产业链控制质量，是一种不可控的模式。企业如果没有自己的饲料、没有自己的种鸡，自己不做养殖，就无法从全程保障产品安全。

四、圣迪乐村产业发展新模式

中国人多地少，耕地资源有限，如何有效地发挥地区的资源优势，完善产业的纵向布局，真正形成以市场为导向和以效益为核心的新农业经营格局，建立以粮食富余地区为主要基地，以大中城市、国外市场为主要目标市场，覆盖广大城乡范围和连接上下游产业的纵向一体化格局，是许多农业产业企业面临的难题。

圣迪乐村独创了两个发展模式，即"耐克+麦当劳+沃尔玛"的运营模式和"园区+公司+农户"的产业模式，要在鸡蛋这一农产品领域建立像耐克一样的产品品牌，建立像麦当劳一样严格的产品生产标准，形成像沃尔玛一样的产业规模。同时，着力建立具有现代农业典范意义的产业新村，即按照政府的产业发展规划，统一建立蛋鸡生产园区，按照统一标准提供所需的生产资料与养殖技术，让农户成为联营养殖户进入公司的养殖园区，成为"车间主任"、产业村民，产品由公司统一销售，从而推动蛋鸡产业的发展，带动了近万户农民致富，成为新农村建设的典范之一。

圣迪乐村实行"三种结构"和"七个统一"管理，即家庭承包、家庭投资、公司自控，这种经营结构明确了主体之间的关联性和一体性；统一环境规划和监测、统一优质鸡苗供应、统一组织生物防疫、统一提供绿色饲料、统一饲养管理程序、统一产品生产标准和统一品牌销售。"七个统一"从环境、生产、技术、销售等方面保证了产品质量，实现了从原材料到成品的全过程监控，工业生产的流程管理被顺利引入养殖业，"七个统一"解决的是鸡蛋的标准化、品牌化、规模化的问题。

"七个统一"背后是强大的技术支撑体系：圣迪乐村建有国家级企业技术中心，现有专业蛋品科研人员50余人，其中数十名为"蛋硕士""蛋博士"。科研中心与中国农业大学合作建立了教学科研基地，与四川农业大学建立了国内第一个蛋品博士工作站，与湖南农业大学建立了国内第一个蛋品科学研究所，还与加拿大国际开发署合作研究蛋品深加工。

圣迪乐村模式能在不同的地区进行复制，证明这一模式具备强劲的生命力，对于推动社会主义新农村建设做出了积极、有益的探索和实践。铁骑力士集团董事长雷文勇是这样概括的："圣迪乐村模式只有一个归结点：机制创新。这个机制能形成完整的产业链，能以消费者为中心，以市场为导向，以科技为支撑，以品牌为翅膀，以共赢为目的。所以，在主体构成上，我们是'1+1+1'：政府+企业+农户；在运营模式上，我们也是'1+1+1'：耐克+麦当劳+沃尔玛。"

图 4-2 圣迪乐村产业链

五、圣迪乐村：全产业链的践行者

圣迪乐村依托铁骑力士集团的产业链优势，坚持自建全产业链，从蛋种鸡繁殖、鸡苗生产、专业化蛋鸡料生产、蛋鸡养殖到蛋品加工销售建立了专业化的分公司，形成一条封闭运行、纵向联合、横向发展的全产业链运营模式。真正做到从"种鸡—饲料—养殖—加工—品牌销售"全产业链的一体化管理，实现了"从土地到餐桌"的全程控制，全产业链打造"五大放心"，全方位保证鸡蛋的安全，真正做到让老百姓吃得放心。

（1）母鸡放心。

图 4-3 圣迪乐村的优良蛋鸡

好鸡产好蛋。圣迪乐村选用世界优良蛋鸡品种,并与全球最大的蛋种鸡企业德国罗曼公司在中国建有唯一祖代蛋种鸡示范场,圣迪乐村自育100万套优质罗曼种鸡,每批鸡苗做到疫病净化,强制淘汰20%~30%,让母体更加健康,才能保障生出更优质的蛋品。

(2) 食粮放心。

图4-4 圣迪乐村蛋鸡食料

母鸡的食源决定鸡蛋的品质。圣迪乐村自有的专业化蛋鸡食料工厂,层层检测原料安全,并运用圣迪乐村国家级企业技术中心(冯光德实验室)的专利配方,优选东北玉米、大豆粕,层层检测原料安全,确保蛋品营养全面、更加美味。

第一,从原料把关。选择比较优质的原料并经过严格的检测,包括黄曲霉毒素、重金属、药残、三聚氰胺、农药残留、蛋白质含量等10多项指标,均须达到高标准要求,从源头保证蛋鸡食粮的优质与安全。

第二,根据母鸡不同的生长周期搭配均衡、科学的营养配餐。营养对鸡体自身的免疫力及蛋品质起重要作用,为了保证机体的机能更好，设有专门的圣迪乐村蛋鸡营养研究院，注重科学日粮搭配对鸡蛋品质的影响，按照母鸡的采食规律搭配日粮。

(3) 喂养放心。

图4-5 圣迪乐村自建养殖基地

圣迪乐村自建养殖基地，选择生态环境优异、远离工业污染的地方作为养殖基地，建立"星级鸡舍"，保证蛋鸡生长环境的安全。从小鸡开始，运用动物营养抗病生物防疫技术，提高鸡体免疫力，不喂抗生素，避免药物残留。从小鸡到产蛋结束的420天左右，以生物安全的方式保证母鸡的健康，对采食、饮水、空气、温度、湿度等进行严格管理，按照自己的标准体系，让母鸡在每一个阶段都得到很好的照顾，用心呵护生命，呵护每一只母鸡。

(4) 洁净放心。

圣迪乐村自建蛋品加工工厂，采用国际最先进的蛋品加工设备对鸡蛋进行全自动化的清洗、分选、烘干、紫外线消毒、光检、裂纹检测、分级与包装，确保消灭蛋壳表面的沙门氏菌、大肠杆菌等有害细菌，保证圣迪乐村每一个鸡蛋安全、洁净、优质。

图4-6 圣迪乐村自建蛋品加工工厂

(5) 追溯放心。

图4-7 每个鸡蛋都有追溯码

每个鸡蛋都有追溯码，实现从鸡苗到鸡蛋全程信息追踪，质量安全可追溯。真正可信赖的产品都应该实现源头的可追溯性，圣迪乐村的每一个鸡蛋都有详细的档案，记录着饲养人员、饲养品种、进鸡时间、鸡苗来源、养殖温度、湿度、用料、免疫、生产性能等信息。最后，这些档案信息会浓缩成追溯码标识在蛋壳上面。所以，每一个圣迪乐村的鸡蛋都是放心蛋。

六、圣迪乐村：品牌农业和品牌食品的开创者

圣迪乐村鸡蛋在创立之初就提出了"打造品牌鸡蛋、打造鸡蛋品牌"的双品牌营销战略方向，要在鸡蛋这个中国最传统的农产品中打造出品牌化的鸡蛋。坚持走"质量+感情+服务"的营销道路，不断创新营销方式，提升产品价值，实现了中国第一蛋的品牌目标。圣迪乐村鸡蛋具有四个营销创新。

（1）包装创新。

鸡蛋不按斤卖，按盒卖。过去的鸡蛋主要是散装，按斤销售。消费者每次购买鸡蛋非常麻烦，一是携带不方便，二是短斤少两。圣迪乐村将鸡蛋分装成盒，按盒销售，解决了销售者购买中的痛点，方便了消费者。包装上贴有标签，明码标价，受到了市场的热烈欢迎。今天大多数超市里销售的鸡蛋虽然是按盒销售，但这一包装形态是圣迪乐村鸡蛋首先开创的。圣地乐村，一步为先，步步为先。

（2）产品创新。

鸡蛋不按斤卖，按个卖，一个鸡蛋6元。早在10年前，每斤鸡蛋还只有2元的时候，圣迪乐村推出了针对小朋友智力开发的营养鸡蛋——亮蛋，一个鸡蛋5元，引发市场轰动和消费者的追捧。随后，圣迪乐村根据市场需求和不同人群的营养状况先后开发了婴儿鸡蛋、妊妇鸡蛋、有机放养鸡蛋、营养谷物鸡蛋、绿色蛋、素养蛋等不同品种，细分了市场，满足了不同人群对鸡蛋的不同需求。每一种鸡蛋背后都采用不同的饲养方式和喂养环境。

图 4-8 圣迪乐村产品创新

（3）渠道创新。

不进传统农贸市场进现代超市。传统的鸡蛋销售渠道主要在农贸市场、干杂日货店销售，而圣迪乐村鸡蛋的渠道主要集中在现代渠道，即连锁超市、大型卖场。其包装好的鸡蛋，也得到了商场的认可和欢迎，产品不仅可以堆着卖，还可以陈列卖，开创了鸡蛋在商场超市陈列销售的先例。

（4）品牌创新。

圣迪乐村率先投入大笔费用，在成绵高速、成渝高速公路一次投放十余块户外广告牌的时候，就连广告公司都感到奇怪，这是什么鸡蛋，居然要投这么多钱做品牌。后来的事实证明，具有超前眼光的圣迪乐村公司率先在鸡蛋的品牌推广上发力，产生了不小的蝴蝶效应，让圣迪乐村不仅占据了绵阳市场，覆盖了成都、重庆市场，还走向了上海、广州、深圳等 20 多个一线大中城市。实力决定位置，位置决定市场地位；要有价位，先有地位，圣地乐村鸡蛋都一一做到了。

饲料—祖代、父母代养殖—商品蛋鸡养殖—品牌鸡蛋销售，铁骑力士打造出中国最大、最完整的蛋鸡产业链，创造了数个中国第一：蛋鸡养殖规模中国第一，存栏蛋鸡450万只；市场销量中国第一，2013—2015年，连续三年荣获全国品牌鲜鸡销量冠军；粉壳蛋鸡规模中国第一，粉壳蛋种鸡存栏80万套；品牌影响力中国第一，圣迪乐商标成为中国驰名商标，圣迪乐村鸡蛋连续两年成为博鳌论坛指定供应蛋品，2014年又走上亚信峰会、达沃斯论坛及各国政要和嘉宾的餐桌；战略布局全国最大，在四川、江西、安徽、湖北等地建有全自动化蛋鸡养殖基地，形成了华西、华南、华东、华北的全国基地战略布局。同时，圣迪乐村不断将鸡蛋卖到中国消费的制高点：中南海、博鳌论坛、酒泉卫星发射中心、辽宁号。通过与高端消费群合作，提升圣迪乐村鸡蛋的品牌形象和品牌价值。

七、圣迪乐村：核心价值铸就大品牌

（1）兄弟文化。

优秀的公司必拥有卓越的核心价值理念，圣迪乐村的兄弟文化则是蛋品行业的兄弟文化，打造了一支铮铮铁骑军队。圣迪乐村的兄弟文化与华为的企业文化最大的区别在于：不但对外抱团打天下，更强调对内重情又重义。在圣迪乐村看来，只有快乐的"兄弟伙"，才有快乐的公司，公司形成以"人为大、诚为本、情为重、义为先"为核心的价值理念。在这里，你会发现伙伴之间没有严明的上下级关系，无论总裁还是总经理，办公室的门永远敞开，员工总能坦然而入；同时民主评议会，只讲缺点，不说优点，酣畅淋漓，只有简单快乐的公司才能有、才敢有。

笔者作为南方略的董事长，早在2005年第一次见到铁骑力士董事长雷文勇的时候，他说的一句话直至今日仍然让我记忆犹新："我这一生最大理想就是做一名顶级的人力资源专家。"铁骑力士拥有51个公司，集团年销售额百亿元，就是因为铁骑力士打造了以雷文勇、冯光德、李全、冯斌、邓先锋等为核心的"兄弟伙"管理团队。雷文勇深深烙印上了"川军"敢于进攻的基因，是四川省优秀的企业家，是农牧行业杰出的代表；铁骑力士是优质安全食品的一流供应商。

（2）学习文化。

雷文勇经常说："学习力就是文化力，学习力就是竞争力，学习力就是第一能力。"雷文勇自己就是一个超级学习狂人，手不离书，不论是在家里还是在办公室，不论是在飞机上还是在酒店，都要抽空看书学习。雷文勇个人藏书超过10万册，有自己的个人图书馆，不但自己学，还要和大家分享自己的学习体会和感受。曾经有一次，他买了一本新书，自己来不及学习，就在会上边看边分享。走进每个分公司老总的办公室，看到最多的就是各类书籍。圣迪乐村不但内部养成了学习的良好风气，而且组织员工参加各类培训，成立铁骑力士大学，组织员工、经销商、客户学习。

圣迪乐村以"改变中国食品安全现状，让中国人吃得更放心"的使命拔地而起，凭借做饲料起家的自身优势，通过坚持走"从土地到餐桌"的全产业链之路，始终如一地给广大老百姓提供安全蛋、放心蛋。然而，铁骑力士集团并不满足于此，开始重新定义行业，以我迷家、蛋蛋网等实施互联网思维、用户思维等打造平台、构建全生态圈、创新全产业链等新模式，又在全方位创建新的竞争优势，走向国际化。

【案例 13】 泰昆健康鸡，新疆第一鸡
——打造新疆泰昆鸡肉品牌策划纪实

众所周知，打造农产品品牌难，难在差异化、标准化、规模化和附加值挖掘上。南方略泰昆项目组通过分析新疆鸡肉市场、泰昆自身资源后得出结论：泰昆鸡肉品牌塑造存在较大的可能。项目组毅然决然，远赴新疆。

一、项目背景

新疆泰昆集团公司始建于 1996 年，是一家依托新疆特色农业资源、立足新疆、辐射中亚的农牧业企业集团。旗下拥有生物蛋白、饲料、养殖、食品四条相互关联的产业线，分别在新疆各地州、市、县成立了 27 家全资或绝对控股子公司。

结合新疆的气候特点，泰昆养殖事业部摸索出了一套适合新疆自然环境的养殖模式。从种鸡饲养到种蛋孵化再到商品鸡养殖，实现了养殖过程的全程品控和质量可追溯体系，严格保障了鸡肉食品安全。泰昆还积极探索与农民、养殖户合作的新模式，采用五统一标准饲养管理，将培育优质黄麻鸡作为产业重心，并且养殖成本优势明显。新疆三黄鸡市场没有规模化品牌，没有核心竞争

对手，最大的对手是散养户。同时，食品公司引进西北领先、全新疆唯一的德国现代化屠宰线，屠宰高效、卫生、品质可控。

项目组通过一个月的内诊外调，南方略董事长刘祖轲向项目组团队做出指示，**泰昆塑造三黄鸡肉品牌具备规模优势、资金优势、品质优势、屠宰优势、成本优势和市场机会；而欠缺的是产业定位、产业链整合、核心价值梳理、品牌系统规划和传播及品牌化的市场运作。**

（1）**产业定位**。

上游养殖将优质毛鸡销往市场，将小鸡、残次鸡销往下游食品公司，导致屠宰后的鸡大小不均匀，经销商意见大，完全不符合品牌战略需求。本质在于养殖端和屠宰端在整个三黄鸡产业链中的定位不清晰，养殖不是三黄鸡产业链的目的，产业链利润贡献应在鸡肉销售端，而不是毛鸡销售端。

（2）**产业链整合**。

通过合理运作，塑造养殖端的行业话语权，为下游鸡肉屠宰和销售铺路，有利于泰昆三黄鸡品牌塑造。

（3）**核心价值梳理**。

泰昆三黄鸡和其他三黄鸡没有差异化，难以为品牌提供核心价值，难以形成品牌区隔。

（4）**品牌系统规划和传播**。

品牌识别、形象、价值、卖点和推广都没有系统性的规划，难以形成合力，难以形成市场影响。

（5）**品牌化的市场运作**。

销售团队、经销商、零售商没有品牌认知，没有将品牌力转化为销售力，陷入无止境的价格战。市场运作比较粗犷，没有成套的市场打法，特别是利润市场、核心市场。

项目组围绕这几点充分研讨、激烈争辩，最终一致决定：从三黄鸡产业链发展战略做出建议,梳理三黄鸡产业结构,找出核心发力点后,再下沉到品牌价值梳理、品牌系统规划和传播以及品牌化的市场运作思路上去。

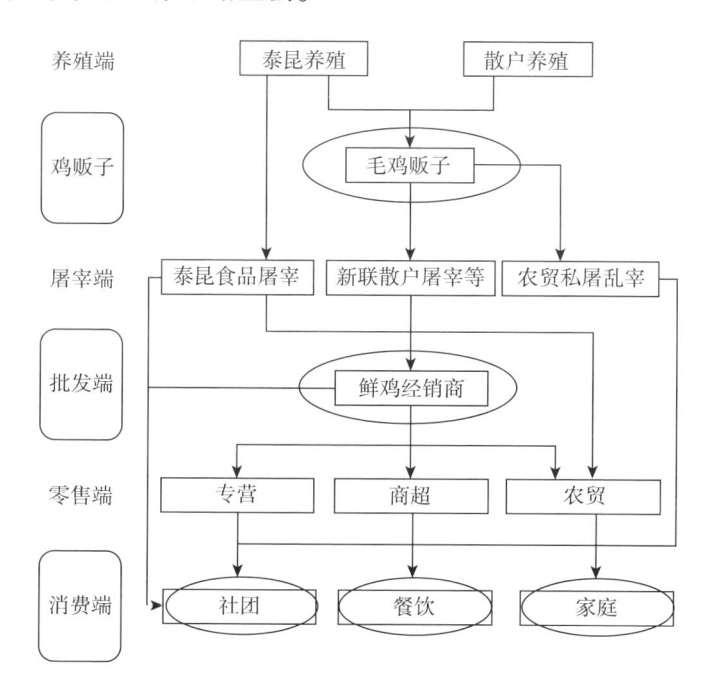

图4-9 新疆三黄鸡产业结构图

二、从产业结构发力

项目组建议泰昆从产业结构上整体发力,整合泰昆三黄鸡产业链优势。

(1) 养殖。

首先聚焦三黄鸡,扩大养殖规模,形成养殖端的份额优势。同时,通过对上游养殖散户进行打击和整合(特别是技术弱、成本高、硬件落后的散户），进一步巩固泰昆三黄鸡的龙头行业地位和市场话语权。

（2）贩子。

对毛鸡贩子进行拉拢和转型引导，逐步瓦解对手市场的供货源。

（3）屠宰。

减少中小型屠宰商的业务量，增加食品公司屠宰业务量，既能打击对手又能减少屠宰线的折旧损失。

（4）销售。

逐渐改变鲜鸡经销商的进货地点，增加他们对泰昆健康鸡的接触概率，引导他们逐渐从"散养鲜鸡销售"向"泰昆健康鸡销售"转变。

通过对泰昆三黄鸡全产业链力量的整合，并配套泰昆健康鸡品牌建设和营销，逐步实现"泰昆从三黄鸡养殖、毛鸡销售为主转型为养殖、屠宰及冰鲜鸡销售为主"的目标，完成泰昆健康鸡大生产、大流通、大品牌、高份额、高溢价、高话语权的食品战略。

品牌塑造和企业战略发展、市场运作三者是密不可分的。单一通过品牌推广和品牌部的力量是很难建立起来优质品牌的，建立起来也只是在空中，远离市场、不切合公司的实际情况，难有品牌竞争力。项目组正是基于这样的思考，建议2017年泰昆三黄鸡产业需要打四场战役，来配合泰昆鸡肉品牌的建设，如图4-10所示。

规模战	屠宰战	品牌战	鲜品战
上游养殖	下游食品	下游食品	下游食品
1	2	3	4

图4-10 泰昆三黄鸡产业需要打的四场战役

三、上游养殖公司"规模战"

按照三黄鸡产业链要求,泰昆养殖端的任务是提供高品质、低成本、供应量充足的优质毛鸡。同时,整合行业上游养殖端,提高市场的话语权,为下游营销做支撑。因此,上游规模战主要做三件事:

一是扩大养殖量,抢占市场份额,实现年出栏 1000 万～1200 万只,市场份额在 50% 以上。

二是提高养殖指标,以优质低成本的毛鸡提高竞争力。

三是行业整合,打击、合作、并购散养户,让竞争力弱的养殖户退出,同优秀的养殖户合作。

四、下游食品公司"屠宰战"

因白羽肉鸡的退出,食品公司屠宰量大幅降低。为降低屠宰线折旧亏损,同时为引导鲜鸡经销商转型为泰昆健康鸡销售商,泰昆开展对外屠宰业务。

(1) 对外屠宰业务的三种玩法。

一是众筹转包——吸引毛鸡贩子的做法。乌昌地区毛鸡贩子大概几十人,寻找一名有权威、有想法的毛鸡贩子带头人,组织毛鸡贩子以众筹的方式"承包屠宰"。

二是贩子补贴——吸引毛鸡贩子的做法。毛鸡贩子是货源商,他们在哪里,交易市场就在哪里,屠宰就在哪里。为激励毛鸡贩子将鸡拉到食品公司交易、屠宰,对每车给予一定的补偿。

三是低价屠宰：吸引经销商的做法。食品公司屠宰能比市场价低0.1元以上，让利经销商，让经销商主动到食品公司采购、屠宰毛鸡。

（2）对外屠宰业务的两个配套。

一是配套行政力量。打"禁止私屠乱宰""食品安全"等政策牌，让没有资质、环评不过关的中小型屠宰加工作坊逐步退出市场。

二是配套现场销售。对现场屠宰等不及、没买到毛鸡或数量不够的经销商，提供泰昆健康鸡现货，培养其购买习惯。

（3）对外屠宰业务的特别说明。

一是战略亏损。屠宰业务的三种玩法较"小型屠宰作坊"都是亏的，这是为打击对手市场、拉拢毛鸡客户、培育"泰昆健康鸡"经销商的战略性亏损，为未来品牌溢价、泰昆毛鸡销售转向冰鲜鸡销售而亏损。

二是选鸡套标。为防止不同经销商的鸡只在屠宰过程中混淆，经销商在挑选每只鸡之前统一发放号码牌，在选鸡的时候就挂上牌子，屠宰完后根据牌子领取。

五、下游食品公司"品牌战"

按照产业链战略，养殖不是最终目的、屠宰也不是最终目的，冰鲜品、大盘鸡块的"品牌化溢价销售"才是最终目的。全力打造"泰昆健康鸡"，塑造健康鸡概念，传递安全、新鲜的品牌核心价值，是泰昆公司永久的目标和责任。通过不断地推广和传播，同屠宰战品牌套牌策略接轨，最终成功塑造"泰昆健康鸡"的品牌，如图4-11所示。

第四章 新农资行业经营突破之道

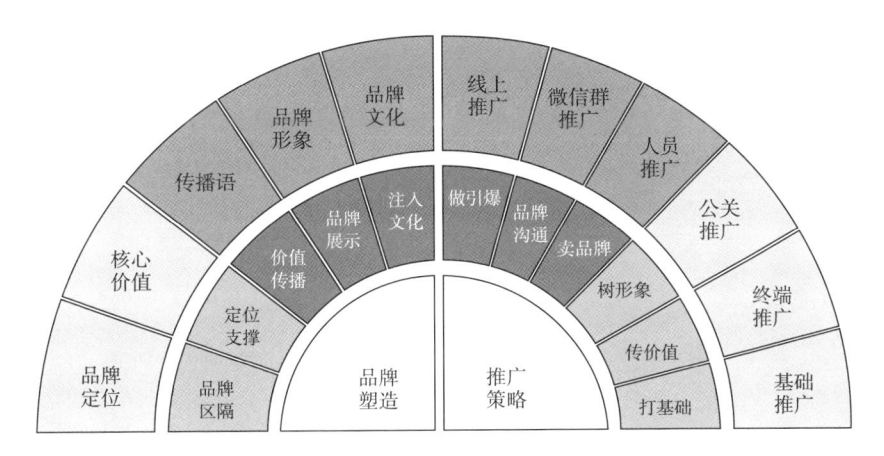

图 4-11 品牌塑造和推广模型

项目组根据品牌塑造和推广模型，全方位策划"泰昆健康鸡"的品牌方案。

（1）品牌核心价值分析。

项目组通过同泰昆食品销售团队充分研讨后发现：无论是汉族、维吾尔族还是回族，购买鸡肉的核心需求是统一的——安全、营养、健康、新鲜、美味。但核心价值主张不宜多，太多的话消费者难以记住。将这些需求进行归纳后发现：选择安全、营养、新鲜就是为了健康。同时健康这个词含义清晰、直接明了，有无文化都能听懂。但健康这个词太泛，需要在价值支撑上花大力气。

品牌名称："泰昆健康鸡"。

品牌核心价值：健康。

核心价值支撑：新鲜、安全。

（2）"泰昆健康鸡"为什么新鲜？

新鲜上市：加工两小时内上市销售。

工艺保鲜：经过预冷、风冷工艺，鸡肉温度在 1 小时内降为 0℃~4℃，让鸡肉口感更鲜美。

冷链保鲜：鸡肉存储、物流运输、终端售卖，温度始终保持

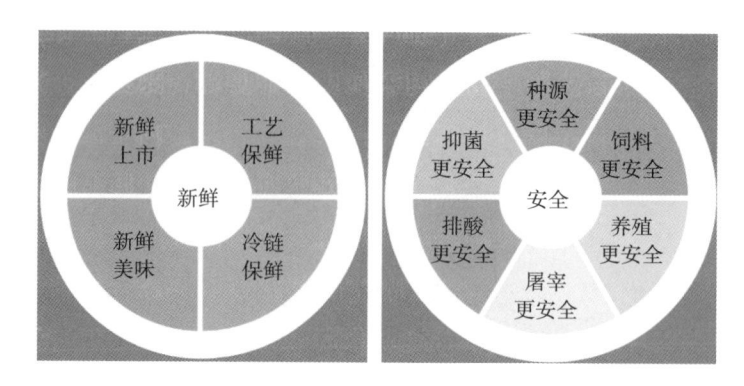

图 4-12　品牌核心价值

在 0℃ ~4℃，确保鸡肉新鲜。

新鲜美味："泰昆健康鸡"处于鸡肉变化的后熟阶段，质地柔软有弹性，汁液流失少，口感好，滋味鲜美。

（3）"泰昆健康鸡"为什么安全？

种源更安全：泰昆自主选育种鸡、自主孵化、培育鸡苗，确保种源安全。

饲料更安全：泰昆自产"专用鸡饲料"，不添加任何违禁药品，注重鸡只的健康和营养。

养殖更安全：现代化无公害养殖及出口备案基地，确保养殖过程的安全。

屠宰更安全：新疆最大的现代化屠宰场，通过 HACCP 认证，确保屠宰过程的安全。

排酸更安全：鸡只在被宰杀时因恐惧体内产生毒素，通过排酸工艺将大量的毒素进行分解。

抑菌更安全：全程冷链，大大降低细菌和微生物繁殖速度。

同时，项目组在内诊外调时发现：泰昆销售团队和经销商在鸡肉认知、散养鸡认知、冰鲜鸡认知等方面没有统一，甚至完全不知道如何讲。因此，项目组就鸡肉相关认知知识进行梳理，有助于"泰昆健康鸡"品牌的人员推广和销售，如表4-1、表4-2、表4-3所示。

表4-1 鸡肉变化的五个阶段

阶段	名称	特点	代表	说明
第一阶段	僵直前期	体表温度高，鸡肉偏软	农家乐餐饮、家庭宰杀	不适宜食用：没有经过酶的进一步催化，鸡只体内残留重，微生物严重超标
第二阶段	僵直中期	鸡肉僵硬	现宰活鸡	不适合烹饪：鸡肉纤维变粗、变硬，烹饪不易烧酥、肉汁流失多、口感风味差
第三阶段	后熟阶段	鸡肉色泽好，肉质柔软	冰鲜鸡	最佳烹饪阶段：鸡肉汁液、鸡肉弹性恢复、易烹饪、肉汁口感好
第四阶段	自溶阶段	颜色暗淡、不新鲜	不能销售	不建议食用：不利于身体健康
第五阶段	腐败阶段	异味、发黏、发绿	不能销售	不能食用：损害身体健康

表4-2 鲜鸡和冻鸡的区别

对比项	冻鸡	"泰昆健康鸡"
新鲜度	不新鲜	新鲜
汁液水分	细胞汁液明显减少	细胞汁液丰富
鸡肉质地	鸡肉纤维变粗、用手指压恢复速度慢	处于后熟阶段、弹性良好
鸡肉气味	无味或明显异味	天然的鸡肉气味
鸡肉色泽	部分脂肪组织被氧化、表皮暗淡	新鲜、洁白
口感风味	解冻使细胞膜破裂，风味物质流失；口感粗糙、风味差	有效保持鸡肉本身的口感和风味
营养健康	解冻使细胞膜破裂，相当部分营养物质流失	鸡肉营养物质全部保留

表 4-3 "泰昆健康鸡"和散养活鸡区别

对比项	对比项说明	"泰昆健康鸡"	散养活鸡
种源安全	鸡苗的防疫、用药、饲料等方面的安全	完全可控	不可控
饲料安全	不添加任何违禁药品,注重鸡只的健康和营养	比国标更严格	无监管
养殖安全	科学化的养殖管理,不觅食野外被喷药的虫子和杂草	完全可控	不可控
营养均衡	养殖过程中通过饲喂程序、饲料搭配等技术来均衡鸡肉的营养成分	营养均衡	无法评估
风冷工艺	快速冷却,降低微生物和病菌的繁殖速度	标准化处理	无
排酸工艺	排酸处理,降解肉体毒素,提升口感	标准化处理	无
抑菌效果	微生物、致病菌的数量,如沙门氏菌、大肠杆菌等	效果良好	无
屠宰卫生	先进的屠宰设备、技术、工艺可降低加工过程对鸡肉的污染	全新疆最先进	非常落后
销售卫生	销售环境的封闭性、卫生情况、温度影响鸡肉的新鲜程度和卫生	低温、封闭	常温、开放
鸡肉口感	通过保鲜、保汁液、软化肉质、冷鲜工艺等方式来提升口感	保鲜保汁	汁液流失大

(4)"泰昆健康鸡"品牌塑造。

结合泰昆品牌实际情况,从品牌文化塑造、基础推广、公关推广、人员推广、样板店打造、微信群推广和线上推广等方式,分三波:准备预热、价值引爆、推向高潮,全方位打造泰昆的品牌形象,传递核心价值,如表 4-4 所示。

品牌传播策略:传播价值,提高知名度。传递核心价值是重中之重。

品牌传播建议:文化注入坚持做,品牌魂;终端推广重点做,传价值;公益推广多参与,树形象;人员推广要重视,卖价值;线上推广多尝试,做创新。

表4-4 "泰昆健康鸡"推广计划表

类别	动作	重要性	帕戈郎	凤吉鲜	时间	节奏建议		备注
品牌形象	品牌代言	一般			第一季度			
品牌文化	组建教学组	重要			第一季度			伊斯兰文化专家
	专家聘请							
	全员学习							
	全员考核							
基础推广	核心价值上墙	重要			第一季度	做好基础建设,预热阶段	第一波:准备、预热	
	伊斯兰文化上墙							
	车身广告制作							
	民族元素上墙							
样板店推广	见说明①	重要						
物料推广	见说明②	重要			第一、二季度			
	高炮	一般						
	车身	一般						
	样板农贸市场	重要						二十大样板农贸市场
	样板餐饮终端	重要						200家样板餐饮终端

续表

类别	动作	重要性	帕戈郎	凤吉鲜	时间	节奏建议		备注
说明：①门头、形象墙、吊旗、玻璃门腰线、冰箱贴、核心价值展板、企业简介展板、鲜品认知展板、促销信息展板、整鸡吊牌、托盒标签、代金券等 ②KT展架、旗牌广告、海报、三折页、围裙、工作服、手提袋、伞等									

类别	动作	重要性	帕戈郎	凤吉鲜	时间	节奏建议		备注
公关推广	我为_代言	重要			全年	全年密集推广	全年	树形象
	贫困公益帮扶				视情况	机会性推广	随机	
	就业公益帮扶				视情况			
	公益组织				全年	筹建完善为主	全年	
	吃健康鸡走健康路	一般			第三季度		第三波：推向高潮	
人员推广		重要			全年	全年坚持	全年	推价值、卖价值
微信群推广		重要			全年			推价值、传信息
线上推广	TVC	一般			年中	年中引爆	第二波：价值引爆	
	直播平台推广	一般			第二季度	持续预热	第一波：准备、预热	
	视频平台推广	一般						
	微信公众号推广	重要			全年	全年坚持	全年	

续表

类别	动作	重要性	帕戈郎	凤吉鲜	时间	节奏建议	备注
线上推广	大盘鸡女神	重要			第三、四季度	年度高潮	推向高潮时，获奖名额、奖励价值可以放宽一些
	椒麻鸡女神					第三波：推向高潮	
	辣子鸡女神						
	创意鸡肉烹饪女神						
	积攒换放心	重要			肉孜节	节日祝福	
	积攒换健康				中秋节		

六、下游食品公司"鲜品战"

再好的品牌规划都需要市场业绩来支撑，品牌塑造还需要配套产品、渠道、营销、团队等方面的建设。

（1）产品规划。

三黄鸡以整鸡为主体，满足市场鲜鸡需求。同时，大力发展大盘鸡块，探索调理大盘鸡块。培养鸡块消费习惯，在调理鸡块上做出调味技术的差异化优势，形成核心竞争力，进一步拉开同中小型纯粹屠宰商的距离。同时，发力中高端鸡肉养殖和销售，探索出合理的产品组合，如芦花鸡、天山草鸡等。

（2）渠道管理。

形成核心的经销商团队，传递品牌认知，教会他们如何推品牌、如何卖品牌，通过"泰昆健康鸡"赚更多的钱。同时，通过市场区域化、操作规范化、经销专业化以及系统化的工具和培训等方式，提升经销商的经营能力和网点管理水平。

(3) 终端建设。

从"人员要求、货品陈列、场地建设、销售要点"四大方向对终端建设、终端人员要求、终端管理等方向进行设计，为"泰昆健康鸡"的渠道建设与完善提供帮助。

(4) 爆品打造。

聚焦资源打造"泰昆健康鸡"爆品。

品质打造爆品：品质让爆品超值、品质让顾客想买、品质形成好口碑，确定爆品组合后，应优先考虑爆品的尺寸、重量、大小、匀称度的一致性。爆品享有优先筛选的条件。

政策打造爆品：让经销商愿意卖、主动推。

促销打造爆品：设计具有诱惑力的促销政策，让消费者想买、愿意买。

推广打造爆品：聚焦资源推广爆品，提高爆品的知名度，传播爆品的核心价值。所有物料推广内容和图片在以产品核心价值为主导的同时，聚焦爆品推广。

激励打造爆品：销售激励上重视爆品，让营销人员愿意卖爆品，愿意推爆品，时刻关心爆品。

管理打造爆品：高层在销售管理、目标跟踪、绩效考核时重视爆品、关心爆品，关心爆品的品控、产量、推广、销售情况、目标达成情况，多对爆品提要求、多看爆品数据。

最后，所有工作规划告一段落，但让项目组放心不下的是团队。新疆发展相对落后，在营销技能和理念上，虽然他们在新疆很优秀，但比起内地还存在一定的差距。因此，项目组成员花费一个月的时间，就开发和管理渠道商、帮扶和提升渠道商相应技能和知识点进行梳理和培训，并最终形成《泰昆食品公司营销操作手册 1.0 版》，希望他们在使用过程中不断完善和升级，形成 2.0、3.0 版。

手册涉及了大量的营销知识和工具：

①经销评估工具。

②谈判工具（讲清楚、问明白、算效益、做比较）。

③目标管理六步法。

④经销商月度经营分析工具。

⑤经销商营销规划工具。

⑥网点维护 7 个要点、8 大技巧、8 步法。

⑦样板市场打造流程。

⑧商超终端管理 5 看、8 问、4 查、9 要素，以及组织类渠道六步聚点营销模式、4 项工程等，既偏培训性又具实操性。

手册主要围绕两个核心开展：

一是开发和管理渠道：市场布局、渠道模式、渠道选择、渠道开发、渠道管理、目标管理、个人能力提升等。

二是帮扶和提升渠道：零售类渠道提升，整体营销规划、网点建设、网点维护、样板市场建设、商超体系管理等；组织类渠道提升，组织类渠道营销五个核心、六个据点模式、策略组合。

七、后记

农产品的品牌打造确实难，难在很少有农业企业从产业链、产品、渠道、终端、团队、市场操作等方面系统性地规划和塑造一个品牌。"泰昆健康鸡"的塑造过程大到产业链整合，小到样板店建设，从各个方面共同发力，为品牌建设护航。

该项目自始至终都强调一点：传递品牌核心价值是核心，人员推广是重点。最好的品牌推广方式是人，最好的媒体是销售端。致力于让销售人员将品牌核心价值牢记于心并不断向经销商传递，经销商不断向零售商传递，零售商才知道如何向消费者卖品牌、卖产品、卖价值。这样建立起来的品牌是具备市场竞争力的，是具有发展潜力的，是经得起时间、市场检验的。

附录　中国农药行业整合与竞争态势分析

据统计，我国农药生产企业达 3000 余家，但大部分为中小企业。从产量来看，2000 吨/年原药生产厂家不足 200 家，农药产量在 5000 吨以上的企业不足 20 家；从产值来看，中国农药排名前 20 的企业，其产值只占据行业约 32% 的份额；从销售来看，年销量 2000 吨以下的企业占 85%，年销售收入超过 10 亿元的企业只有 7 家，整个行业的销售额只与拜耳公司相当。

综观我国农药市场，行业集中度相当低，造成市场"长尾"现象，加之长期受技术落后、产品老化和附加值低等困扰，行业还处于较落后的状态。虽然我国农药行业分散，但市场在快速增长，而行业正面临加速整合和企业成功转型的历史性机遇。

一、农药行业整合浪潮来袭

中国农药行业正处于加速发展阶段，主要由以下因素共同推动：

（1）全球农产品价格进入上升周期。
（2）国家政策扶持带动农民收入增长。
（3）行业整合起步，优势企业将脱颖而出。

（4）高毒农药削减，为高效低毒农药腾出巨大空间。

（5）国际农药产业向中国转移。

（6）美国新能源法推动草甘膦需求长期增长。

然而，我国农药行业集中度过低。一方面，厂家多而分散、技术水平和产品质量参差不齐、生产过程的物耗和能耗较大、没有规模经济优势，特别是众多小企业造成环境污染严重、监控困难；另一方面，单个企业实力弱，无力承担创制农药新品种的巨额资金、创新能力低下，不利于提高我国农药行业整体的国际竞争力。这一问题已经得到国家相关管理部门的高度关注，已开始着手推动我国农药工业的改革。

从行业发展来看，集约化、规模化是农药企业做大做强的必由之路，随着行业竞争的加剧及环保力度的加大，中国农药产业正进入新一轮整合期，行业也将变得更有竞争力。而一些上市农药公司都是大型企业及区域性的龙头企业，必将在未来的兼并整合中处于主导地位，赢得加快发展的机遇。

我国农药行业在原药上的整合已经开始，各大型企业及区域性龙头的原药企业大都依赖资本运营，迅速进行并购重组，通过规模扩张来做大、做强企业。比如，我国农药行业上市公司沙隆达、红太阳、华星化工，以及除草剂领域的新安股份、侨昌化学等大型企业，通过资本运营方式并购了一批定点企业，实现了原药环节上的资源整合，做大、做强了原药。

制剂领域企业的整合将稍晚于原药类企业，估计3~5年后将进行大规模的整合。然而部分先进企业早已开始了整合行动，如我国制剂领域的龙头上市企业诺普信，通过自创或并购方式快速整合了7家企业，实现了生产、分销、服务、品牌、人力及三证资源的有效整合。制剂企业的发展不断分化，差距也在进一步加大，处于第一集团的诺普信等企业的发展一日千里，遥遥领先于其他企业。第二集团的青岛海利尔、青岛瀚生等企业开始向原药倾斜，抢占行业盈利制高点；第三集团的小型企业正在生存与发展中苦苦徘徊。

从行业动态来看，行业整合不单纯出现在农药产业链的某个环节，已有不少大中企业正抢占行业盈利制高点和实施一体化战略，或者往上游的中间体及原材料延伸，或者往下游渠道网络和终端品牌延伸，在农药产业链各个环节上整合资源来达到做大、做强企业的目标。

农药行业整合浪潮已经袭来，多数小型企业在生存线上挣扎，部分中型企业在生存与发展中徘徊，而机制合理、决策高效、技术领先、经营灵活的大中型企业将成为行业整合的主导力量，它们将迎来市场份额和利润的高速增长。

二、是什么引发了行业整合浪潮

行业整合是我国农药产业发展与成熟的必经过程，我们需要从全球农药产业环境及产业价值链，从我国农药生产状况、市场竞争和政策制度等维度来剖析我国农药行业整合的动力所在，以便把握行业的发展趋势。

（1）世界农药产业转移、全球产业链上的分工与竞争是引发我国农药行业整合的外在动力。

在全球范畴内，农药行业属非主流行业。非主流行业高度依赖自然资源及劳动力，资金周转率低、行业进入门槛低，通常污染程度较高，为发达国家与跨国公司所回避，世界农药产业很自然就从发达国家往发展中国家甚至更落后的地区进行梯度转移，这也符合全球产业转移的基本规律。

从我国农药行业现状来看，我国原药出口有较强优势，这种优势预计能维持较长时间，而制剂多往较落后地区出口，难以打入欧美市场，制剂业务难有实质性的突破。需要引起注意的是：我国原药产业可能往更落后地区（如我国中西部、东南亚地区等）转移的趋势及国内原药企业的整合浪潮，依然是我国原药企业经营的风险所在。

从全球农药产业链来看，其价值分工包括上游原材料、中间体、原药、制剂、渠道网络、农户等环节。农药产业价值链的典型特征是"中间小、两头大"，即上游原材料、技术研发、产品设计和下游品牌、渠道拥有较高附加值，这些环节利润相对较高；中间生产环节的附加值较低，利润也相对较低。

分析农药行业产业链可以发现，核心技术、原材料和下游品牌是行业最关键的成功要素。我国虽为农药生产大国，但依然面临国际市场竞争及跨国公司的威胁，威胁主要有以下三个方面：

一是进口国对我国原药部分施行进口配额管理，加上我国逐步取消出口退税政策，农药出口企业的利润受到挤压。

二是由于我们的农药出口以原药为主，制剂产品少，故在世界范围内难以成就强势的消费者（农户）品牌，中国农药企业的品牌力弱，企业的综合竞争力也不强。

三是我国农药企业和跨国企业竞争时，主要劣势凸显在技术、品牌和渠道三个方面，我国农药企业常面临跨国公司"三板"的挤压，即遭受跨国公司核心技术的挤压（天花板），遭受跨国公司渠道网络的挤压（地板），遭受跨国公司强势品牌力的阻隔（墙板）。跨国公司通过"三板"把我们锁定在有限的空间里并不断压缩，让我国的农药企业越来越难生存。

在全球农药产业链分工上，跨国公司挑肥拣瘦，拿走了利润最丰厚的部分，留给我们的是一些"残羹冷炙"，而跨国企业又依赖技术、资本、品牌等优势"大举入侵"中国市场，整合相关资源在中国大陆市场的战略布局，留给我国农药企业的生存空间越来越小。

此种情形下，我国农药企业只有迅速做大做强才能生存和发展，只有进行整合和创新才是我国农药行业唯一的出路。

(2) 产能过剩、市场分散和竞争加剧是引发我国农药行业整合的内在动力。

作为在"市场爆炸"背景下成长起来的农资行业，经过20余年的市场化能量蓄积，目前正处于高速的成长阶段。由于国内市场的高度分散、行业集中度很低，整个产业的快速发展打破了行业的正常结构，随着产业总量的增长，产业内厂商的盈利能力下降，企业的成长也受到威胁。

近几年，农资行业的无序发展把我们带入了一个资源配置错乱、低水平重复建设、过度竞争的失效结构。要想从这个泥淖中走出来，至少需要20年的时间，这也是"统治"未来20年行业大势的核心命题。而从一个失效的结构到一个合理的结构通常采用的手段，一是产业整合，二是业态创新。

四川开元集团总裁赵思俭认为："产能过剩和一批有能力进行整合的企业的出现，为行业整合创造了条件。随着企业家的成熟，目前的整合已由以前的被动整合变成主动联手，加之市场竞争的加剧，整合变得越来越容易、普遍。"

因此，国内农药市场分散、产能过剩及农药市场的过度竞争，必然引发我国农药行业的结构调整和行业整合。

(3) 国家政策规范与引导是行业整合的外在动力，优势企业必将脱颖而出。

我国农药行业的产业结构不合理、产业集中度低、企业研发投入少、创新能力弱、竞争秩序混乱，环保、安全问题难以得到有效监控，这些问题一直阻碍中国农药工业向深层次发展。有统计显示，2007年中国农药工业研发整体投入占销售收入比重平均不到1%，与国外先进农药企业投入研发的费用相比存在较大差距。在此背景下，进行产业结构调整、提高农药行业的准入门槛、加快优势企业的并购重组已经成为政府部门、行业协会和民间的共识。

2008年3月1日起，国家将新农药企业核准注册资金最低要求提高到：原药企业5000万元，投资规模不低于5000万元（不含土地使用费），其中环保投资不低于投资规模的15%；制剂（加工、复配，包括鼠药、卫生用药）企业3000万元，投资规模不低于2000万元（不含土地使用费），环保投资应不低于投资规模的8%；不再受理分装企业核准；不再受理乳油和微乳油剂制剂加工企业核准。制剂（加工、复配）企业新增原药生产，须重新核准。

进一步做好农药企业延续核准工作，延续核准工作是逐步解决中国农药企业分散、规模不大的一种手段。通过加强农药许可证和农药登记证的协调与配合，预计将有30%~40%的农药生产企业不能通过延续核准而被淘汰。从2008年开始，发改委将每年定期汇编出版《农药生产企业名录》，接受社会监督。按照《农药管理条例》，不在名录之内的企业均为不合法的农药生产企业。

多数大中农药企业认为，发改委提高新核准农药企业门槛，通过实施新规，有助于规范农药行业的竞争秩序，提高行业的准入门槛，这些新规拉开了农药行业规范与整合的序幕。促使不规范的小企业退出舞台，为大型企业创造了发展空间。在行业规范与整合中，优质农药公司将面临市场占有率与盈利能力快速提高的历史性机遇。

综上所述，不论是从全球农药产业环境、产业分工，国内农药市场竞争，还是从国家对行业规范的需要，农药行业的整合都是必然趋势，而且局部领域的整合已经开始了。农药企业要做的就是深入理解行业本质、把握好整合趋势，做到有所为、有所不为，并将企业迅速做大做强。

三、农药行业将如何进行整合

农药行业的整合将在产业价值链的各个环节及相关利益群体间进行，而我们需要重点关注生产厂家、经销商、零售商（终端）和消费者（农户）四个层面的整合，以便更好地理解行业的本质特征和发展趋势。

（1）厂家层面——基于产业链进行战略整合，百亿级强大企业有望诞生。

农药行业竞争的特性：技术为本，市场为翼。农药属于精细化工行业，与医药行业相似，具有明显的技术依赖性。与此同时，农药企业又需要对市场需求具有很强的把握能力。根据产业链中的定位及产品原创性的差异，农药企业可分为创制型、以仿制为主和农药制剂三类，这三类企业对技术开发和把握市场需求两种能力的依赖程度又有所不同。

目前，我国 600 余家原药企业基本以过期专利农药的生产为主，同一个品种有十几家甚至几十家企业生产，但是部分企业在自主创新上也取得了较大的进步。长期看，创制型农药企业是我国农药龙头企业的发展方向，但目前我国处于农药行业产业提升的初级阶段，如果业务模式合理、产品定位准确，以仿制为主的原药企业盈利潜力同样可观。

实践表明：提升新产品研发能力、关键中间体自给能力、工艺路线的效率及环保治理能力是中国农药企业树立竞争优势的有效手段。要在行业整合大潮中真正做大做强企业，成为市场的强者，我国农药企业需要从产业价值链层面进行战略性思考，务必抓住产业价值链上的核心技术、原材料供应、消费者品牌、渠道网络等关键要素，有机整合好相关资源，战略性地构建企业的长期竞争优势，这才是企业做大、做强的核心所在。

中国农药行业整合的大幕已经拉开，机制合理、决策高效、技术领先、经营灵活的企业将成为行业整合的主导力量。在长达数年的整合大潮结束后，行业集中度将大大提高，百亿元收入的农药企业有望在中国诞生。

（2）农户层面——三农政策推进群体分化，农户价值逐步得到重视。

随着我国二元经济结构的调整及城市化进程的推进、农业产业化的推进和集约农业的发展，建设社会主义新农村事业的大力推进，我国"三农"事业将呈现以下发展趋势：

一是在保证粮食作物耕种的基础上，经济作物的耕种面积将有所增加。

二是二元经济结构的调整及城市化进程的加快，土地的使用和耕种将越来越集中，农民群体总人数将减少。

三是随着农业产业化和集约农业的发展，农业现代化水平进一步提高，农民群体将有分化趋势，即传统意义上的农民将减少，现代化的农民群体逐步增加，原来"老幼妇童种田，青壮年多外出务工，打工为主、种田为辅"的状况将逐步得到改善，农民群体年轻化、技术化程度提高，"眼镜"农民将逐步增加。

四是农户对农药消费拥有最终发言权，随着市场的逐步成熟，农户价值将得到进一步的关注和重视。在市场不够规范的阶段，"厂家忽悠经销商、经销商忽悠零售商、零售商忽悠农户"

的行为时有发生，农户的利益得不到保证，更没听说过哪次行业会议或产品推广订货会邀请农户参加，但随着农药消费者群的变化及市场逐渐成熟，农户价值必将越来越得到重视。

此外，我们还应注意这样一个事实：在农户价值逐步得到重视的同时，基于农户层面的品牌构建越来越被重视，而不仅仅是在中间商圈子有品牌。我国农药企业原来多靠产品和渠道驱动业务发展，但市场环境在不断变化，原有业务模式驱动力日趋不足，企业需靠品牌驱动业务。不论是基于农户选择农药的需要，还是国家为规范农药行业而取消商品名，或者说是行业健康发展的需要，品牌（特别是基于农户层面的品牌）的构建都至关重要。

不同的农业模式、不同的种植结构、不同的农民群体，其消费心理、消费行为、消费习惯也不同，各农药企业需把握"三农"变化趋势、农民需求动态，关注和重视农户价值，努力在农户层面构建起良好的品牌形象，不断积累品牌资产，才不至于在行业的整合大潮中被无情地淹没。

（3）经销商层面——渠道扁平趋势推进整合，精耕网络与做市场者胜。

在区域市场，大厂家要面对全国市场，而各区域差异性大，所以厂家很难拿出适合当地市场的方案。而经销商只面对区域市场，把区域了解透彻的速度比厂家快，所以经销商在区域的发展速度不比厂家慢。

在未来的农资市场中，经销商将负责分销，厂家负责品牌打造。厂家应干自己擅长的事情：一是生产，要把成本降下来；二是要把品牌做好，分销市场靠渠道去做，把利润留给经销商。

目前中国的农资流通企业存在小而全的问题。据调查，目前的农资经销商在10万家以上，经销商太散，经营的品牌、品种过多，上规模的太少了。原来意义上的老客户（省级、市级的大批发商），虽然线下客户多、网络覆盖面广，但是网络渗透力不强且以"坐商"为主导，推广能力薄弱，在渠道扁平化大潮中变得极不适应。如何处理这些早期和厂家一起打江山的大批发商，依然是摆在各厂家面前的难题，所以经销商群体一定要整合。

基于行业渠道扁平化趋势，农药行业的渠道网络将以县级经销商为主，经销商应拥有自己的终端和具备把控终端的能力。企业要求经销商要做销量，更要扎实做市场。企业需要经销商实实在在经营，不再是以往的个别产品定制而偶投一两家店，浪费资源，要求经销商有网络规划意识和零售店管理理念；企业注重市场的持续经营能力，考核指标不再限于销售财务类指标，更重视战略性的市场类指标的考核。

新的市场竞争环境下，经销商生存不仅仅靠以往的"贸易"，还应进行公司化经营运作；不能像原来一样单纯当"坐商"了，而应具有一定的推广能力，扎根于市场，做深入终端和农户的"行商"，最终形成经销商的连锁专卖品牌。另外，经销商不要只守着一亩三分地，要主动联合，实现跨区域的联盟。

坐吃老本、没有思路也不愿变革的经销商一定会被市场淘汰，而能看清市场发展趋势并主动适应市场的经销商一定能生存和获得更好的发展，因为适者生存，这就是市场法则。

（4）**终端层面——终端决定销量与形象，强化终端者决胜市场。**

零售终端具有销售和展示两个重要作用。厂家的经销商数量再多，经销商往下铺货再多，如果终端没有形成销售也是白搭。终端是否陈列厂家的产品？陈列在门店的什么位置？终端是否努力推广？零售终端能否很好地展示厂家的品牌形象？这些问题值得厂家和经销商深入思考。

未来几年，农资营销的主要竞争在终端，也就是门店。农民往往容易相信离自己较近的门店，这种相信甚至超过传播的力量。比如，用广播或者促销方式，他们对产品了解不深的时候，心里是很恐惧的。因此，未来农药市场竞争，不管是大厂商还是小厂商，决胜一定在终端。

目前，我国农药市场的销售终端五花八门，既有专门的农资零售终端，又有杂货店、超市等兼销农药；在产品销售上，多数终端是拦截式的，只是简单的产品销售，少有体验式的、提供技术咨询的顾问式营销；在终端管理上，很多终端形象极差，各厂家的终端形象不统一，终端陈列相当凌乱，没有规范，这类终端大大降低了农户的信任度，必将在整合大潮中被无情地淘汰。

令人高兴的是，部分先进农药企业开始重视乡镇终端的经营运作，以精细化的运作方式建立根据地市场，并以根据地市场为发展圆心向周边扩展，另有部分厂家开始注意自建网络的运作模式，或者直销，或者联营，企业的做法旨在强化终端和进行精耕营销。

部分农药企业在对终端的管理上也有了很大进步，如诺普信在全国建立了1200多个样板店（柜），对店头、陈列设施、店面环境等硬件提出了明确要求，对终端的产品陈列、宣传、产品介绍、技术咨询等进行了规范，对零售终端提供针对性的培训和有效的指导，提高了其终端产品销售和品牌形象展示。

得民心者有品牌，得终端者得销量。随着行业整合的深入，终端越来越被重视，对终端的管理水平也将大幅提升。

四、结束语

面对我国农药行业整合的汹涌大潮，农资人大可不必惊慌，大家请记住：只要能够活下来，就一定能够长大。当然，关键还是企业要从全球产业及市场竞争环境维度，深入认知农药行业本质、整合动向和发展趋势，从农药产业链层面战略思考，抓住核心技术、原材料、品牌及渠道等关键成功要素，有机整合相关资源，关注与重视农户价值，强化农户层面品牌，精耕网络与终端，强化营销与创新能力。那么在行业整合大潮中，一定是你整合别人，而不是被别人整合。

这是我国农药企业在行业整合大潮中的竞争制胜之道，也是我国农药企业迅速做大、做强之道。笔者衷心祝愿我国农药行业能健康长远发展，祝愿我国农药界销售额过百亿元的企业早日诞生！

推荐作者得新书!

博瑞森征稿启事

亲爱的读者朋友:

感谢您选择了博瑞森图书!希望您手中的这本书能给您带来实实在在的帮助!

博瑞森一直致力于发掘好作者、好内容,希望能把您最需要的思想、方法,一字一句地交到您手中,成为专业知识与管理实践的纽带和桥梁。

但是我们也知道,有很多深入企业一线、经验丰富、乐于分享的优秀专家,或者往来奔波没时间,或者缺少专业的写作指导和便捷的出版途径,只能茫然以待……

还有很多在竞争大潮中坚守的企业,有着异常宝贵的实践经验和独特的闪光点,但缺少专业的记录和整理者,无法让企业的经验和故事被更多的人了解、学习、参考……

这些都太遗憾了!

博瑞森非常希望能将这些埋藏的"宝藏"发掘出来,贡献给广大读者,让更多的人得到帮助。

所以,我们真心地邀请您,我们的老读者,帮助我们一起搜寻:

推荐作者。

可以是您自己或您的朋友,只要对本土管理有实践、有思考;可以是您通过网络、杂志、书籍或其他途径了解的某位专家,不管名气大小,只要他的思想和方法曾让您深受启发。

推荐企业。

可以是您自己所在的企业,或者是您熟悉的某家企业,其创业过程、运营经历、产品研发、机制创新,等等。无论企业大小,只要乐于分享、有值得借鉴书写之处。

总之,好内容就是一切!

博瑞森绝非"自费出书",出版项目费用完全由我们承担。您推荐的作者或企业案例一经采用,我们会立刻向您赠送书币 100 元,可直接换取任何博瑞森图书的纸质版或电子版。

感谢您对本土管理的支持!感谢您对博瑞森图书的帮助!

推荐邮箱:bookgood@126.com　　推荐手机:13611149991

1120 本土管理实践与创新论坛

这是由 100 多位本土管理专家联合创立的企业管理实践学术交流组织,旨在孵化本土管理思想、促进企业管理实践、加强专家间交流与协作。

论坛每年集中力量办好两件大事:第一,"**出一本书**",汇聚一年的思考和实践,把最原创、最前沿、最实战的内容集结成册,贡献给读者;第二,"**办一次会**",每年 11 月 20 日本土管理专家们汇聚一堂,碰撞思想、研讨案例、交流切磋、回馈社会。

论坛理事名单(以年龄为序,以示传承之意)

首届常务理事:

彭志雄	曾 伟	施 炜	杨 涛	张学军	郭 晓
程绍珊	胡八一	王祥伍	李志华	陈立云	杨永华

理　　事:

卢根鑫	王铁仁	周荣辉	曾令同	陆和平	宋杼宸	张国祥	刘承元
曹子祥	宋新宇	吴越舟	吴 坚	戴欣明	仲昭川	刘春雄	刘祖轲
段继东	何 慕	秦国伟	贺兵一	张小虎	郭 剑	余晓雷	黄中强
朱玉童	沈 坤	阎立忠	张 进	丁兴良	朱仁健	薛宝峰	史贤龙
卢 强	史幼波	叶敦明	王明胤	陈 明	岑立聪	方 刚	何足奇
周 俊	杨 奕	孙行健	孙嘉晖	张东利	郭富才	叶 宁	何 屹
沈 奎	王 超	马宝琳	谭长春	夏惊鸣	张 博	李洪道	胡浪球
孙 波	唐江华	程 翔	刘红明	杨鸿贵	伯建新	高可为	李 蓓
王春强	孔祥云	贾同领	罗宏文	史立臣	李政权	余 盛	陈小龙
尚 锋	邢 雷	余伟辉	李小勇	全怀周	初勇钢	陈 锐	高继中
聂志新	黄 屹	沈 拓	徐伟泽	谭洪华	崔自三	王玉荣	蒋 军
侯军伟	黄润霖	金国华	吴 之	葛新红	周 剑	崔海鹏	柏 夔
唐道明	朱志明	曲宗恺	杜 忠	远 鸣	范月明	刘文新	赵晓萌
张 伟	韩 旭	韩友诚	熊亚柱	孙彩军	刘 雷	王庆云	李少星
俞士耀	丁 昀	黄 磊	罗晓慧	伏泓霖	梁小平	鄢圣安	

企业案例·老板传记

书名．作者	内容/特色	读者价值
你不知道的加多宝：原市场部高管讲述 曲宗恺 牛玮娜 著	前加多宝高管解读加多宝	全景式解读，原汁原味
收购后怎样有效整合：一个重工业收购整合实录 李少星 著	讲述企业并购后的事	语言轻松活泼，对并购后的企业有借鉴作用
娃哈哈区域标杆：豫北市场营销实录 罗宏文 赵晓萌 等著	本书从区域的角度来写娃哈哈河南分公司豫北市场是怎么进行区域市场营销，成为娃哈哈全国第一大市场、全国增量第一高市场的一些操作方法	参考性、指导性，一线真实资料
像六个核桃一样：打造畅销品的36个简明法则 王超 范萍 著	本书分上下两篇：包括"六个核桃"的营销战略历程和36条畅销法则	知名企业的战略历程极具参考价值，36条法则提供操作方法
六个核桃凭什么：从0过100亿 张学军 著	首部全面揭秘养元六个核桃裂变式成长的巨著	学习优秀企业的成长路径，了解其背后的理论体系
借力咨询：德邦成长背后的秘密 官同良 王祥伍 著	讲述德邦是如何借助咨询公司的力量进行自身与发展的	来自德邦内部的第一线资料，真实、珍贵，令人受益匪浅
解决方案营销实战案例 刘祖轲 著	用10个真案例讲明白什么是工业品的解决方案式营销，实战、实用	有干货、真正操作过的才能写得出来
招招见销量的营销常识 刘文新 著	如何让每一个营销动作都直指销量	适合中小企业，看了就能用
我们的营销真案例 联纵智达研究院 著	五芳斋粽子从区域到全国/诺贝尔瓷砖门店销量提升/利豪家具出口转内销/汤臣倍健的营销模式	选择的案例都很有代表性，实在、实操！
中国营销战实录：令人拍案叫绝的营销真案例 联纵智达 著	51个案例，42家企业，38万字，18年，累计2000余人次参与……	最真实的营销案例，全是一线记录，开阔眼界
双剑破局：沈坤营销策划案例集 沈坤 著	双剑公司多年来的精选案例解析集，阐述了于项目策划中每一个营销策略的诞生过程，策划角度和方法	一线真实案例，与众不同的策划角度令人拍案叫绝、受益匪浅
宗：一位制造业企业家的思考 杨涛 著	1993年创业，引领企业平稳发展20多年，分享独到的心得体会	难得的一本老板分享经验的书
简单思考：AMT咨询创始人自述 孔祥云 著	著名咨询公司（AMT）的CEO创业历程中点点滴滴的经验与思考	每一位咨询人，每一位创业者和管理经营者，都值得一读
边干边学做老板 黄中强 著	创业20多年的老板，有经验、能写、又愿意分享，这样的书很少	处处共鸣，帮助中小企业老板少走弯路
三四线城市超市如何快速成长：解密甘雨亭 IBMG国际商业管理集团 著	国内外标杆企业的经验+本土实践量化数据+操作步骤、方法	通俗易懂，行业经验丰富，宝贵的行业量化数据，关键思路和步骤
中国首家未来超市：解密安徽乐城 IBMG国际商业管理集团 著	本书深入挖掘了安徽乐城超市的试验案例，为零售企业未来的发展提供了一条可借鉴之路	通俗易懂，行业经验丰富，宝贵的行业量化数据，关键思路和步骤

续表

	书名．作者	内容/特色	读者价值
互联网+	互联网时代的银行转型 韩友诚 著	以大量案例形式为读者全面展示和分析了银行的互联网金融转型应对之道	结合本土银行转型发展案例的书籍
	正在发生的转型升级·实践 本土管理实践与创新论坛 著	企业在快速变革期所展现出的管理变革新成果、新方法、新案例	重点突出对于未来企业管理相关领域的趋势研判
	触发需求：互联网新营销样本·水产 何足奇 著	传统产业都在苦闷中挣扎前行，本书通过鲜活的案例告诉你如何以需求链整合供应链，从而把大家熟知的传统行业打碎了重构、重做一遍	全是干货，值得细读学习，并且作者的理论已经经过了他亲自操刀的实践检验，效果惊人，就在书中全景展示
	移动互联新玩法：未来商业的格局和趋势 史贤龙 著	传统商业、电商、移动互联，三个世界并存，这种新格局的玩法一定要懂	看清热点的本质，把握行业先机，一本书搞定移动互联网
	微商生意经：真实再现33个成功案例操作全程 伏泓霖 罗晓慧 著	本书为33个真实案例，分享案例主人公在做微商过程中的经验教训	案例真实，有借鉴意义
	阿里巴巴实战运营——14招玩转诚信通 聂志新 著	本书主要介绍阿里巴巴诚信通的十四个基本推广操作，从而帮助使用诚信通的用户及企业更好地提升业绩	基本操作，很多可以边学边用，简单易学
互联网+	今后这样做品牌：移动互联时代的品牌营销策略 蒋 军 著	与移动互联紧密结合，告诉你老方法还能不能用，新方法怎么用	今后这样做品牌就对了
	互联网+"变"与"不变"：本土管理实践与创新论坛集萃．2016 本土管理实践与创新论坛 著	本土管理领域正在产生自己独特的理论和模式，尤其在移动互联时代，有很多新课题需要本土专家们一起研究	帮助读者拓宽眼界、突破思维
	创造增量市场：传统企业互联网转型之道 刘红明 著	传统企业需要用互联网思维去创造增量，而不是用电子商务去转移传统业务的存量	教你怎么在"互联网+"的海洋中创造实实在在的增量
	重生战略：移动互联网和大数据时代的转型法则 沈 拓 著	在移动互联网和大数据时代，传统企业转型如同生命体打算与再造，称之为"重生战略"	帮助企业认清移动互联网环境下的变化和应对之道
	画出公司的互联网进化路线图：用互联网思维重塑产品、客户和价值 李 蓓 著	18个问题帮助企业一步步梳理出互联网转型思路	思路清晰、案例丰富，非常有启发性
	7个转变，让公司3年胜出 李 蓓 著	消费者主权时代，企业该怎么办	这就是互联网思维，老板有能这样想，肯定倒不了
	跳出同质思维，从跟随到领先 郭 剑 著	66个精彩案例剖析，帮助老板突破行业长期思维惯性	做企业竟然有这么多玩法，开眼界

行业类:零售、白酒、食品/快消品、农业、医药、建材家居等			
	书名·作者	内容/特色	读者价值
零售·超市·餐饮·服装·汽车	1. 总部有多强大,门店就能走多远 2. 超市卖场定价策略与品类管理 3. 连锁零售企业招聘与培训破解之道 4. 中国首家未来超市:解密安徽乐城 5. 三四线城市超市如何快速成长:解密甘雨亭 IBMG 国际商业管理集团 著	国内外标杆企业的经验+本土实践量化数据+操作步骤、方法	通俗易懂,行业经验丰富,宝贵的行业量化数据,关键思路和步骤
	涨价也能卖到翻 村松达夫 【日】	提升客单价的 15 种实用、有效的方法	日本企业在这方面非常值得学习和借鉴
	移动互联下的超市升级 联商网专栏频道 著	深度解析超市转型升级重点	帮助零售企业把握全局、看清方向
	手把手教你做专业督导:专卖店、连锁店 熊亚柱 著	从督导的职能、作用,在工作中需要的专业技能、方法,都提供了详细的解读和训练办法,同时附有大量的表单工具	无论是店铺需要统一培训,还是个人想成为优秀的督导,有这一本就够了
	百货零售全渠道营销策略 陈继展 著	没有照本宣科、说教式的絮叨,只有笔者对行业的认知与理解,庖丁解牛式的逐项解析、展开	通俗易懂,花极少的时间快速掌握该领域的知识及趋势
	零售:把客流变成购买力 丁昀 著	如何通过不断升级产品和体验式服务来经营客流	如何进行体验营销,国外的好经营,这方面有启发
	餐饮企业经营策略第一书 吴坚 著	分别从产品、顾客、市场、盈利模式等几个方面,对现阶段餐饮企业的发展提出策略和思路	第一本专业的、高端的餐饮企业经营指导书
	赚不赚钱靠店长:从懂管理到会经营 孙彩军 著	通过生动的案例来进行剖析,注重门店管理细节方面的能力提升	帮助终端门店店长在管理门店的过程中实现经营思路的拓展与突破
	汽车配件这样卖:汽车后市场销售秘诀 100 条 俞士耀 著	汽配销售业务员必读,手把手教授最实用的方法,轻松得来好业绩	快速上岗,专业实效,业绩无忧
耐消品	跟行业老手学经销商开发与管理:家电、耐消品、建材家居 黄润霖 著	全部来源于经销商管理的一线问题,作者用丰富的经验将每一个问题落实到最便捷快速的操作方法上去	书中每一个问题都是普通营销人亲口提出的,这些问题你也会遇到,作者进行的解答则精彩实用
白酒	白酒到底如何卖 赵海永 著	以市场实战为主,多层次、全方位、多角度地阐释了白酒一线市场操作的最新模式和方法,接地气	实操性强,37 个方法、6 大案例帮你成功卖酒
	变局下的白酒企业重构 杨永华 著	帮助白酒企业从产业视角看清趋势、找准位置,实现弯道超车的书	行业内企业要减少 90%,自己在什么位置,怎么做,都清楚了
	1. 白酒营销的第一本书(升级版) 2. 白酒经销商的第一本书 唐江华 著	华泽集团湖南开口笑公司品牌部长,擅长酒类新品推广、新市场拓展	扎根一线,实战
	区域型白酒企业营销必胜法则 朱志明 著	为区域型白酒企业提供 35 条必胜法则,在竞争中赢销的葵花宝典	丰富的一线经验和深厚积累,实操实用

续表

分类	书名/作者	内容简介	推荐理由
白酒	10步成功运作白酒区域市场 朱志明 著	白酒区域操盘者必备,掌握区域市场运作的战略、战术、兵法	在区域市场的攻伐防守中运筹帷幄,立于不败之地
	酒业转型大时代:微酒精选2014-2015 微酒 主编	本书分为五个部分:当年大事件、那些酒业营销工具、微酒独立策划、业内大调查和十大经典案例	了解行业新动态、新观点,学习营销方法
快消品·食品	中国快消标杆品牌观察:和内行一起看透营销套路 陈海超 著	多年营销经验的一线老手把案例掰开了、揉碎了,从中得出的各种手段和方法给读者以帮助和启发	营销那些事儿的个中秘辛,求人还不一定告诉你,这本书里就有
	乳业营销第一书 侯军伟 著	对区域乳品企业生存发展关键性问题的梳理	唯一的区域乳业营销书,区域乳品企业一定要看
	食用油营销第一书 余 盛 著	10多年油脂企业工作经验,从行业到具体实操	食用油行业第一书,当之无愧
	中国茶叶营销第一书 柏 龑 著	如何跳出茶行业"大文化小产业"的困境,作者给出了自己的观察和思考	不是传统做茶的思路,而是现在商业做茶的思路
	调味品营销第一书 陈小龙 著	国内唯一一本调味品营销的书	唯一的调味品营销的书,调味品的从业者一定要看
	快消品营销人的第一本书:从入门到精通 刘 雷 伯建新 著	快消行业必读书,从入门到专业	深入细致,易学易懂
	变局下的快消品营销实战策略 杨永华 著	通胀了,成本增加,如何从被动应战变成主动的"系统战"	作者对快消品行业非常熟悉、非常实战
	快消品经销商如何快速做大 杨永华 著	本书完全从实战的角度;评述现象,解析误区,揭示原理,传授方法	为转型期的经销商提供了解决思路,指出了发展方向
	一位销售经理的工作心得 蒋 军 著	一线营销管理人员想提升业绩却无从下手时,可以看看这本书	一线的真实感悟
	快消品营销:一位销售经理的工作心得2 蒋 军 著	快消品、食品饮料营销的经验之谈,重点图书	来源与实战的精华总结
	快消品营销与渠道管理 谭长春 著	将快消品标杆企业渠道管理的经验和方法分享出来	可口可乐、华润的一些具体的渠道管理经验,实战
	成为优秀的快消品区域经理(升级版) 伯建新 著	用"怎么办"分析区域经理的工作关键点,增加30%全新内容,更贴近环境变化	可以作为区域经理的"速成催化器"
	销售轨迹:一位快消品营销总监的拼搏之路 秦国伟 著	本书讲述了一个普通销售员打拼成为跨国企业营销总监的真实奋斗历程	激励人心,给广大销售员以力量和鼓舞
	快消老手都在这样做:区域经理操盘锦囊 方刚 著	非常接地气,全是多年沉淀下来的干货,丰富的一线经验和实操方法不可多得	在市场摸爬滚打的"老油条",那些独家绝招妙招一般你问都是问不来的
	动销四维:全程辅导与新品上市 高继中 著	从产品、渠道、促销和新品上市详细讲解提高动销的具体方法,总结作者18年的快消品行业经验,方法实操	内容全面系统,方法实操
农业	新农资如何换道超车 刘祖轲 等著	从农业产业化、互联网转型、行业营销与经营突破四个方面阐述如何让农资企业占领先机、提前布局	南方略专家告诉你如何应对资源浪费、生产效率低下、产能严重过剩、价格与价值严重扭曲等

续表

农业	中国牧场管理实战：畜牧业、乳业必读 黄剑黎　著	本书不仅提供了来自一线的实际经验，还收入了丰富的工具文档与表单	填补空白的行业必读作品
	中小农业企业品牌战法 韩旭　著	将中小农业企业品牌建设的方法，从理论讲到实践，具有指导性	全面把握品牌规划，传播推广，落地执行的具体措施
	农资营销实战全指导 张博　著	农资如何向"深度营销"转型，从理论到实践进行系统剖析，经验资深	朴实、使用！不可多得的农资营销实战指导
	农产品营销第一书 胡浪球　著	从农业企业战略到市场开拓、营销、品牌、模式等	来源于实践中的思考，有启发
	变局下的农牧企业9大成长策略 彭志雄　著	食品安全、纵向延伸、横向联合、品牌建设……	唯一的农牧企业经营实操的书，农牧企业一定要看
医药	医药新营销：制药企业、医药商业企业营销模式转型 史立臣　著	医药生产企业和商业企业在新环境下如何做营销？老方法还有没有用？如何寻找新方法？新方法怎么用？本书给你答案	内容非常现实接地气，踏实谈问题说方法
	新医改下的医药营销与团队管理 史立臣　著	探讨新医改对医药行业的系列影响和医药团队管理	帮助理清思路，有一个框架
	医药营销与处方药学术推广 马宝琳　著	如何用医学策划把"平民产品"变成"明星产品"	有真货、讲真话的作者，堪称处方药营销的经典！
	新医改了，药店就要这样开 尚锋　著	药店经营、管理、营销全攻略	有很强的实战性和可操作性
	电商来了，实体药店如何突围 尚锋　著	电商崛起，药店该如何突围？本书从促销、会员服务、专业性、客单价等多重角度给出了指导方向	实战攻略，拿来就能用
	在中国，医药营销这样做：时代方略精选文集 段继东　主编	专注于医药营销咨询15年，将医药营销方法的精华文章合编，深入全面	可谓医药营销领域的顶尖著作，医药界读者的必读书
	OTC医药代表药店销售36计 鄢圣安　著	以《三十六计》为线，写OTC医药代表向药店销售的一些技巧与策略	案例丰富，生动真实，实操性强
	OTC医药代表药店开发与维护 鄢圣安　著	要做到一名专业的医药代表，需要做什么、准备什么、知识储备、操作技巧等	医药代表药店拜访的指导手册，手把手教你快速上手
	引爆药店成交率1：店员导购实战 范月明　著	一本书解决药店导购所有难题	情景化、真实化、实战化
	引爆药店成交率2：经营落地实战 范月明　著	最接地气的经营方法全指导	揭示了药店经营的几类关键问题
	医药企业转型升级战略 史立臣　著	药企转型升级有5大途径，并给出落地步骤及风险控制方法	实操性强，有作者个人经验总结及分析
建材家居	建材家居行业老手的营销革命：除了促销还能做什么？ 孙嘉晖　著	一线老手的深度思考，告诉你在建材家居营销模式基本停滞的今天，除了促销，营销还能怎么做	给你的想法一场革命

续表

建材家居	建材家居营销实务 程绍珊 杨鸿贵 主编	价值营销运用到建材家居，每一步都让客户增值	有自己的系统、实战
	建材家居门店销量提升 贾同领 著	店面选址、广告投放、推广助销、空间布局、生动展示、店面运营等	门店销量提升是一个系统工程，非常系统、实战
	10步成为最棒的建材家居门店店长 徐伟泽 著	实际方法易学易用，让员工能够迅速成长，成为独当一面的好店长	只要坚持这样干，一定能成为好店长
	手把手帮建材家居导购业绩倍增：成为顶尖的门店店员 熊亚柱 著	生动的表现形式，让普通人也能成为优秀的导购员，让门店业绩长红	读着有趣，用着简单，一本在手，业绩无忧
	建材家居经销商实战42章经 王庆云 著	告诉经销商：老板怎么当、团队怎么带、生意怎么做	忠言逆耳，看着不舒服就对了，实战总结，用一招半式就值了
工业品	销售是门专业活：B2B、工业品 陆和平 著	销售流程就应该跟着客户的采购流程和关注点的变化向前推进，将一个完整的销售过程分成十个阶段，提供具体方法	销售不是请客吃饭拉关系，是个专业的活计！方法在手，走遍天下不愁
	解决方案营销实战案例 刘祖轲 著	用10个真案例讲明白什么是工业品的解决方案式营销，实战、实用	有干货、真正操作过的才能写得出来
	变局下的工业品企业7大机遇 叶敦明 著	产业链条的整合机会、盈利模式的复制机会、营销红利的机会、工业服务商转型机会……	工业品企业还可以这样做，思维大突破
	工业品市场部实战全指导 杜忠 著	工业品市场部经理工作内容全指导	系统、全面、有理论、有方法，帮助工业品市场部经理更快提升专业能力
	工业品营销管理实务 李洪道 著	中国特色工业品营销体系的全面深化、工业品营销管理体系优化升级	工具更实战，案例更鲜活，内容更深化
	工业品企业如何做品牌 张东利 著	为工业品企业提供最全面的品牌建设思路	有策略、有方法、有思路、有工具
	丁兴良讲工业4.0 丁兴良 著	没有枯燥的理论和说教，用朴实直白的语言告诉你工业4.0的全貌	工业4.0是什么？本书告诉你答案
	资深大客户经理：策略准，执行狠 叶敦明 著	从业务开发、发起攻势、关系培育、职业成长四个方面，详述了大客户营销的精髓	满满的全是干货
	一切为了订单：订单驱动的工业品营销实战 唐道明 著	其实，所有的企业都在围绕着两个字在开展全部的经营和管理工作，那就是"订单"	开发订单、满足订单、扩大订单。本书全是实操方法，字字珠玑，句句干货，教你获得营销的胜利
金融	交易心理分析 (美)马克·道格拉斯 著 刘真如 译	作者一语道破赢家的思考方式，并提供了具体的训练方法	不愧是投资心理的第一书，绝对经典
	精品银行管理之道 崔海鹏 何屹 主编	中小银行转型的实战经验总结	中小银行的教材很多，实战类的书很少，可以看看
	支付战争 Eric M. Jackson 著 徐彬 王晓 译	PayPal创业期营销官，亲身讲述PayPal从诞生到壮大到成功出售的整个历史	激烈、有趣的内幕商战故事！了解美国支付市场的风云巨变

续表

	书名．作者	内容/特色	读者价值
房地产	产业园区/产业地产规划、招商、运营实战 阎立忠 著	目前中国第一本系统解读产业园区和产业地产建设运营的实战宝典	从认知、策划、招商到运营全面了解地产策划
	人文商业地产策划 戴欣明 著	城市与商业地产战略定位的关键是不可复制性，要发现独一无二的"味道"	突破千城一面的策划困局
	电影院的下一个黄金十年：开发·差异化·案例 李保煜 著	对目前电影院市场存大的问题及如何解决进行了探讨与解读	多角度了解电影院运营方式及代表性案例

经营类：企业如何赚钱，如何抓机会，如何突破，如何"开源"

	书名．作者	内容/特色	读者价值
抓方向	让经营回归简单．升级版 宋新宇 著	化繁为简抓住经营本质：战略、客户、产品、员工、成长	经典，做企业就这几个关键点！
	活系统：跟任正非学当老板 孙行健 尹贤 著	以任正非的独到视角，教企业老板如何经营公司	看透公司经营本质，激活企业活力
	公司由小到大要过哪些坎 卢强 著	老板手里的一张"企业成长路线图"	现在我在哪儿，未来还要走哪些路，都清楚了
	企业二次创业成功路线图 夏惊鸣 著	企业曾经抓住机会成功了，但下一步该怎么办？	企业怎样获得第二次成功，心里有个大框架了
	老板经理人双赢之道 陈明 著	经理人怎养选平台，怎么开局，老板怎样选/育/用/留	老板生闷气，经理人牢骚大，这次知道该怎么办了
	简单思考：AMT 咨询创始人自述 孔祥云 著	著名咨询公司（AMT）的CEO创业历程中点点滴滴的经验与思考	每一位咨询人，每一位创业者和管理经营者，都值得一读
	企业文化的逻辑 王祥伍 黄健江 著	为什么企业绩效如此不同，解开绩效背后的文化密码	少有的深刻，有品质，读起来很流畅
	使命驱动企业成长 高可为 著	钱能让一个人今天努力，使命能让一群人长期努力	对于想做事业的人，'使命'是绕不过去的
思维突破	移动互联新玩法：未来商业的格局和趋势 史贤龙 著	传统商业、电商、移动互联，三个世界并存，这种新格局的玩法一定要懂	看清热点的本质，把握行业先机，一本书搞定移动互联网
	画出公司的互联网进化路线图：用互联网思维重塑产品、客户和价值 李蓓 著	18个问题帮助企业一步步梳理出互联网转型思路	思路清晰、案例丰富，非常有启发性
	重生战略：移动互联网和大数据时代的转型法则 沈拓 著	在移动互联网和大数据时代，传统企业转型如同生命体打算与再造，称之为"重生战略"	帮助企业认清移动互联网环境下的变化和应对之道
	创造增量市场：传统企业互联网转型之道 刘红明 著	传统企业需要用互联网思维去创造增量，而不是用电子商务去转移传统业务的存量	教你怎么在"互联网+"的海洋中创造实实在在的增量
	7个转变，让公司3年胜出 李蓓 著	消费者主权时代，企业该怎么办	这就是互联网思维，老板有能这样想，肯定倒不了
	跳出同质思维，从跟随到领先 郭剑 著	66个精彩案例剖析，帮助老板突破行业长期思维惯性	做企业竟然有这么多玩法，开眼界
	麻烦就是需求 难题就是商机 卢根鑫 著	如何借助客户的眼睛发现商机	什么是真商机，怎么判断、怎么抓，有借鉴

续表

	书名·作者	内容/特色	读者价值
思维突破	互联网+"变"与"不变":本土管理实践与创新论坛集萃·2016 本土管理实践与创新论坛 著	加速本土管理思想的孕育诞生,促进本土管理创新成果更好地服务企业、贡献社会	各个作者本年度最新思想,帮助读者拓宽眼界、突破思维
财务	写给企业家的公司与家庭财务规划——从创业成功到富足退休 周荣辉 著	本书以企业的发展周期为主线,写各阶段企业与企业主家庭的财务规划	为读者处理人生各阶段企业与家庭的财务问题提供建议及方法,让家庭成员真正享受财富带来的益处
财务	互联网时代的成本观 程翔 著	本书结合互联网时代提出了成本的多维观,揭示了多维组合成本的互联网精神和大数据特征,论述了其产生背景、实现思路和应用价值	在传统成本观下为盈利的业务,在新环境下也许就成为亏损业务。帮助管理者从新的角度来看待成本,进一步做好精益管理

管理类:效率如何提升,如何实现经营目标,如何"节流"

	书名·作者	内容/特色	读者价值
通用管理	1. 让管理回归简单. 升级版 2. 让经营回归简单. 升级版 3. 让用人回归简单 宋新宇 著	宋博士的"简单"三部曲,影响20万读者,非常经典	被读者热情地称作"中小企业的管理圣经"
通用管理	管理:以规则驾驭人性 王春强 著	详细解读企业规则的制定方法	从人与人博弈角度提升管理的有效性
通用管理	员工心理学超级漫画版 邢雷 著	以漫画的形式深度剖析员工心理	帮助管理者更了解员工,从而更轻松地管理员工
通用管理	分股合心:股权激励这样做 段磊 周剑 著	通过丰富的案例,详细介绍了股权激励的知识和实行方法	内容丰富全面、易读易懂,了解股权激励,有这一本就够了
通用管理	边干边学做老板 黄中强 著	创业20多年的老板,有经验、能写、又愿意分享,这样的书很少	处处共鸣,帮助中小企业老板少走弯路
通用管理	中国式阿米巴落地实践之从交付到交易 胡八一 著	本书主要讲述阿米巴经营会计,"从交付到交易",这是成功实施了阿米巴的标志	阿米巴经营会计的工作是有逻辑关联的,一本书就能搞定
通用管理	集团化企业阿米巴实战案例 初勇钢 著	一家集团化企业阿米巴实施案例	指导集团化企业系统实施阿米巴
通用管理	阿米巴经营的中国模式 李志华 著	让员工从"要我干"到"我要干",价值量化出来	阿米巴在企业如何落地,明白思路了
通用管理	中国式阿米巴落地实践之激活组织 胡八一 著	重点讲解如何科学划分阿米巴单元,阐述划分的实操要领、思路、方法、技术与工具	最大限度减少"推行风险"和"摸索成本",利于公司成功搭建适合自身的个性化阿米巴经营体系
通用管理	欧博心法:好管理靠修行 曾伟 著	用佛家的智慧,深刻剖析管理问题,见解独到	如果真的有'中国式管理',曾老师是其中标志性人物
流程管理	1. 用流程解放管理者 2. 用流程解放管理者2 张国祥 著	中小企业阅读的流程管理、企业规范化的书	通俗易懂,理论和实践的结合恰到好处
流程管理	跟我们学建流程体系 陈立云 著	畅销书《跟我们学做流程管理》系列,更实操,更细致,更深入	更多地分享实践,分享感悟,从实践总结出来的方法论

续表

分类	书名/作者	内容简介	推荐理由
质量管理	IATF16949 质量管理体系详解与案例文件汇编：TS16949 转版 IATF16949:2016 谭洪华 著	针对 IATF 的新标准做了详细的解说，同时指出了一些推行中容易犯的错误，提供了大量的表单、案例	案例、表单丰富，拿来就用
	五大质量工具详解及运用案例：APQP/FMEA/PPAP/MSA/SPC 谭洪华 著	对制造业必备的五大质量工具中每个文件的制作要求、注意事项、制作流程、成功案例等进行了解读	通俗易懂、简便易行，能真正实现学以致用
	1. ISO9001:2015 新版质量管理体系详解与案例文件汇编 2. ISO14001:2015 新版环境管理体系详解与案例文件汇编 谭洪华 著	紧密围绕 2015 新版，逐条详细解读，工具也可以直接套用，易学易上手	企业认证、内审必备
战略落地	重生——中国企业的战略转型 施炜 著	从前瞻和适用的角度，对中国企业战略转型的方向、路径及策略性举措提出了一些概要性的建议和意见	对企业有战略指导意义
	公司大了怎么管：从靠英雄到靠组织 AMT 金国华 著	第一次详尽阐释中国快速成长型企业的特点、问题及解决之道	帮助快速成长型企业领导及管理团队理清思路，突破瓶颈
	低效会议怎么改：每年节省一半会议成本的秘密 AMT 王玉荣 著	教你如何系统规划公司的各级会议，一本工具书	教会你科学管理会议的办法
	年初订计划，年尾有结果：战略落地七步成诗 AMT 郭晓 著	7 个步骤教会你怎么让公司制定的战略转变为行动	系统规划，有效指导计划实现
人力资源	HRBP 是这样炼成的之"菜鸟起飞" 新海 著	以小说的形式，具体解析 HRBP 的职责，应该如何操作，如何为业务服务	实践者的经验分享，内容实务具体，形式有趣
	HRBP 是这样炼成的之中级修炼 新海 著	本书以案例故事的方式，介绍了 HRBP 在实际工作中碰到的问题和挑战	书中的 HR 解决方案讲究因时因地制宜、简单有效的原则，重在启发读者思路，可供各类企业 HRBP 借鉴
	回归本源看绩效 孙波 著	让绩效回顾"改进工具"的本源，真正为企业所用	确实是来源于实践的思考，有共鸣
	世界 500 强资深培训经理人教你做培训管理 陈锐 著	从 7 大角度具体细致地讲解了培训管理的核心内容	专业、实用、接地气
	曹子祥教你做激励性薪酬设计 曹子祥 著	以激励性为指导，系统性地介绍了薪酬体系及关键岗位的薪酬设计模式	深入浅出，一本书学会薪酬设计
	曹子祥教你做绩效管理 曹子祥 著	复杂的理论通俗化，专业的知识简单化，企业绩效管理共性问题的解决方案	轻松掌握绩效管理
	把招聘做到极致 远鸣 著	作为世界 500 强高级招聘经理，作者数十年招聘经验的总结分享	带来职场思考境界的提升和具体招聘方法的学习
	人才评价中心·超级漫画版 邢雷 著	专业的主题，漫画的形式，只此一本	没想到一本专业的书，能写成这效果
	走出薪酬管理误区 全怀周 著	剖析薪酬管理的 8 大误区，真正发挥好枢纽作用	值得企业深读的实用教案
	集团化人力资源管理实践 李小勇 著	对搭建集团化的企业很有帮助，务实，实用	最大的亮点不是理论，而是结合实际的深入剖析

续表

人力资源	我的人力资源咨询笔记 张伟 著	管理咨询师的视角,思考企业的HR管理	通过咨询师的眼睛对比很多企业,有启发
	本土化人力资源管理8大思维 周剑 著	成熟HR理论,在本土中小企业实践中的探索和思考	对企业的现实困境有真切体会,有启发
企业文化	拿来就用的企业文化工具箱 海融心胜 主编	数十个工具,为了方便拿来就用,每一个工具都严格按照工具属性、操作方法、案例解读划分,实用、好用	企业文化工作者的案头必备书,方法都在里面,简单易操作
	华夏基石方法:企业文化落地本土实践 王祥伍 谭俊峰 著	十年积累、原创方法、一线资料,和盘托出	在文化落地方面真正有洞察,有实操价值的书
	企业文化的逻辑 王祥伍 著	为什么企业之间如此不同,解开绩效背后的文化密码	少有的深刻,有品质,读起来很流畅
	企业文化激活沟通 宋杼宸 安琪 著	透过新任HR总经理的眼睛,揭示出沟通与企业文化的关系	有实际指导作用的文化落地读本
	在组织中绽放自我:从专业化到职业化 朱仁健 王祥伍 著	个人如何融入组织,组织如何助力个人成长	帮助企业员工快速认同并投入到组织中去,为企业发展贡献力量
	企业文化定位·落地一本通 王明胤 著	把高深枯燥的专业理论创建成一套系统化、实操化、简单化的企业文化缔造方法	对企业文化不了解,不会做?有这一本从概念到实操,就够了
生产管理	精益思维:中国精益如何落地 刘承元 著	笔者二十余年企业经营和咨询管理的经验总结	中国企业需要灵活运用精益思维,推动经营要素与管理机制的有机结合,推动企业管理向前发展
	300张现场图看懂精益5S管理 乐涛 编著	5S现场实操详解	案例图解,易懂易学
	高员工流失率下的精益生产 余伟辉 著	中国的精益生产必须面对和解决高员工流失率问题	确实来源于本土的工厂车间,很务实
	车间人员管理那些事儿 岑立聪 著	车间人员管理中处理各种"疑难杂症"的经验和方法	基层车间管理者最闹心、头疼的事,'打包'解决
	1. 欧博心法:好管理靠修行 2. 欧博心法:好工厂这样管 曾伟 著	他是本土最大的制造业管理咨询机构创始人,他从400多个项目、上万家企业实践中锤炼出的欧博心法	中小制造型企业,一定会有很强的共鸣
	欧博工厂案例1:生产计划管控对话录 欧博工厂案例2:品质技术改善对话录 欧博工厂案例3:员工执行力提升对话录 曾伟 著	最典型的问题、最详尽的解析,工厂管理9大问题27个经典案例	没想到说得这么细,超出想象,案例很典型,照搬都可以了
	苦中得乐:管理者的第一堂必修课 曾伟 编著	曾伟与师傅大愿法师的对话,佛学与管理实践的碰撞,管理禅的修行之道	用佛学最高智慧看透管理
	比日本工厂更高效1:管理提升无极限 刘承元 著	指出制造型企业管理的六大积弊;颠覆流行的错误认知;掌握精益管理的精髓	每一个企业都有自己不同的问题,管理没有一剑封喉的秘笈,要从现场、现物、现实出发

续表

	书名·作者	内容/特色	读者价值
生产管理	比日本工厂更高效2：超强经营力 刘承元 著	企业要获得持续盈利，就要开源和节流，即实现销售最大化，费用最小化	掌握提升工厂效率的全新方法
	比日本工厂更高效3：精益改善力的成功实践 刘承元 著	工厂全面改善系统有其独特的目的取向特征，着眼于企业经营体质（持续竞争力）的建设与提升	用持续改善力来飞速提升工厂的效率，高效率能够带来意想不到的高效益
	3A顾问精益实践1：IE与效率提升 党新民 苏迎斌 蓝旭日 著	系统的阐述了IE技术的来龙去脉以及操作方法	使员工与企业持续获利
	3A顾问精益实践2：JIT与精益改善 肖志军 党新民 著	只在需要的时候，按需要的量，生产所需的产品	提升工厂效率
员工素质提升	TTT培训师精进三部曲（上）：深度改善现场培训效果 TTT培训师精进三部曲（中）：构建最有价值的课程内容 TTT培训师精进三部曲（下）：职业功力沉淀与修为提升 廖信琳 著	从内到外全方位指导企业内训师从专业到卓越	成为优秀企业内训师/培训师的案头必备书籍
	手把手教你做专业督导：专卖店、连锁店 熊亚柱 著	从督导的职能、作用，在工作中需要的专业技能、方法，都提供了详细的解读和训练办法，同时附有大量的表单工具	无论是店铺需要统一培训，还是个人想成为优秀的督导，有这一本就够了
	跟老板"偷师"学创业 吴江萍 余晓雷 著	边学边干，边观察边成长，你也可以当老板	不同于其他类型的创业书，让你在工作中积累创业经验，一举成功
	销售轨迹：一位快消品营销总监的拼搏之路 秦国伟 著	本书讲述了一个普通销售员打拼成为跨国企业营销总监的真实奋斗历程	激励人心，给广大销售员以力量和鼓舞
	在组织中绽放自我：从专业化到职业化 朱仁健 王祥伍 著	个人如何融入组织，组织如何助力个人成长	帮助企业员工快速认同并投入到组织中去，为企业发展贡献力量
	企业员工弟子规：用心做小事，成就大事业 贾同领 著	从传统文化《弟子规》中学习企业中为人处事的办法，从自身做起	点滴小事，修养自身，从自身的改善得到事业的提升
	手把手教你做顶尖企业内训师：TTT培训师宝典 熊亚柱 著	从课程研发到现场把控、个人提升都有涉及，易读易懂，内容丰富全面	想要做企业内训师的员工有福了，本书教你如何抓住关键，从入门到精通

营销类：把客户需求融入企业各环节，提供"客户认为"有价值的东西

	书名·作者	内容/特色	读者价值
营销模式	洞察人性的营销战术：沈坤教你28式 沈坤 著	28个匪夷所思的营销怪招令人拍案叫绝，涉及商业竞争的方方面面，大部分战术可以直接应用到企业营销中	各种谋略得益于作者的横向思维方式，将其操作过的案例结合其中，提供的战术对读者有参考价值
	动销操盘：节奏掌控与社群时代新战法 朱志明 著	在社群时代把握好产品生产销售的节奏，解析动销的症结，寻找动销的规律与方法	都是易读易懂的干货！对动销方法的全面解析和操盘

续表

营销模式	变局下的营销模式升级 程绍珊 叶宁 著	客户驱动模式、技术驱动模式、资源驱动模式	很多行业的营销模式被颠覆,调整的思路有了!
	卖轮子 科克斯【美】	小说版的营销学!营销理念巧妙贯穿其中,贵在既有趣,又有深度	经典、有趣!一个故事读懂营销精髓
	弱势品牌如何做营销 李政权 著	中小企业虽有品牌但没名气,营销照样能做的有声有色	没有丰富的实操经验,写不出这么具体、详实的案例和步骤,很有启发
	老板如何管营销 史贤龙 著	高段位营销16招,好学好用	老板能看,营销人也能看
	动销:产品是如何畅销起来的 吴江萍 余晓雷 著	真真切切告诉你,产品究竟怎么才能卖出去	击中痛点,提供方法,你值得拥有
	资深大客户经理:策略准,执行狠 叶敦明 著	从业务开发、发起攻势、关系培育、职业成长四个方面,详述了大客户营销的精髓	满满的全是干货
	成为资深的销售经理:B2B、工业品 陆和平 著	围绕"销售管理的六个关键控制点"一一展开,提供销售管理的专业、高效方法	方法和技术接地气,拿来就用,从销售员成长为经理不再犯难
	销售是门专业活:B2B、工业品 陆和平 著	销售流程就应该跟着客户的采购流程和关注点的变化向前推进,将一个完整的销售过程分成十个阶段,提供具体方法	销售不是请客吃饭拉关系,是个专业的活计!方法在手,走遍天下不愁
	向高层销售:与决策者有效打交道 贺兵一 著	一套完整有效的销售策略	有工具,有方法,有案例,通俗易懂
	卖轮子 科克斯【美】	小说版的营销学!营销理念巧妙贯穿其中,贵在既有趣,又有深度	经典、有趣!一个故事读懂营销精髓
	学话术 卖产品 张小虎 著	分析常见的顾客异议,将优秀的话术模块化	让普通导购员也能成为销售精英
组织和团队	升级你的营销组织 程绍珊 吴越舟 著	用"有机性"的营销组织替代"营销能人",营销团队变成"铁营盘"	营销队伍最难管,程老师不愧是营销第1操盘手,步骤方法都很成熟
	用数字解放营销人 黄润霖 著	通过量化帮助营销人员提高工作效率	作者很用心,很好的常备工具书
	成为优秀的快消品区域经理(升级版) 伯建新 著	用"怎么办"分析区域经理的工作关键点,增加30%全新内容,更贴近环境变化	可以作为区域经理的"速成催化器"
	一位销售经理的工作心得 蒋军 著	一线营销管理人员想提升业绩却无从下手时,可以看看这本书	一线的真实感悟
	快消品营销:一位销售经理的工作心得2 蒋军 著	快消品、食品饮料营销的经验之谈,重点突出	来源于实战的精华总结
	销售轨迹:一位快消品营销总监的拼搏之路 秦国伟 著	本书讲述了一个普通销售员打拼成为跨国企业营销总监的真实奋斗历程	激励人心,给广大销售员以力量和鼓舞
	用营销计划锁定胜局:用数字解放营销人2 黄润霖 著	全方位教你怎么做好营销计划,好学好用真简单	照搬套用就行,做营销计划再也不头痛
	快消品营销人的第一本书:从入门到精通 刘雷 伯建新 著	快消行业必读书,从入门到专业	深入细致,易学易懂

续表

	书名·作者	内容/特色	读者价值
产品	产品炼金术Ⅰ：如何打造畅销产品 史贤龙 著	满足不同阶段、不同体量、不同行业企业对产品的完整需求	必须具备的思维和方法，避免在产品问题上走弯路
	产品炼金术Ⅱ：如何用产品驱动企业成长 史贤龙 著	做好产品、关注产品的品质，就是企业成功的第一步	必须具备的思维和方法，避免在产品问题上走弯路
	新产品开发管理，就用IPD 郭富才 著	10年IPD研发管理咨询总结，国内首部IPD专业著作	一本书掌握IPD管理精髓
品牌	中小企业如何建品牌 梁小平 著	中小企业建品牌的入门读本，通俗、易懂	对建品牌有了一个整体框架
	采纳方法：破解本土营销8大难题 朱玉童 编著	全面、系统、案例丰富、图文并茂	希望在品牌营销方面有所突破的人，应该看看
	中国品牌营销十三战法 朱玉童 编著	采纳20年来的品牌策划方法，同时配有大量的案例	众包方式写作，丰富案例给人启发，极具价值
	今后这样做品牌：移动互联时代的品牌营销策略 蒋军 著	与移动互联紧密结合，告诉你老方法还能不能用，新方法怎么用	今后这样做品牌就对了
	中小企业如何打造区域强势品牌 吴之 著	帮助区域的中小企业打造自身品牌，如何在强壮自身的基础上往外拓展	梳理误区，系统思考品牌问题，切实符合中小区域品牌的自身特点进行阐述
渠道通路	快消品营销与渠道管理 谭长春 著	将快消品标杆企业渠道管理的经验和方法分享出来	可口可乐、华润的一些具体的渠道管理经验，实战
	传统行业如何用网络拿订单 张进 著	给老板看的第一本网络营销书	适合不懂网络技术的经营决策者看
	采纳方法：化解渠道冲突 朱玉童 编著	系统剖析渠道冲突，21个渠道冲突案例、情景式讲解，37篇讲义	系统、全面
	学话术 卖产品 张小虎 著	分析常见的顾客异议，将优秀的话术模块化	让普通导购员也能成为销售精英
	向高层销售：与决策者有效打交道 贺兵一 著	一套完整有效的销售策略	有工具，有方法，有案例，通俗易懂
	通路精耕操作全解：快消品20年实战精华 周俊 陈小龙 著	通路精耕的详细全解，每一步的具体操作方法和表单全部无保留提供	康师傅二十年的经验和精华，实践证明的最有效方法，教你如何主宰通路

管理者读的文史哲·生活

	书名·作者	内容/特色	读者价值
思想·文化	德鲁克管理思想解读 罗珉 著	用独特视角和研究方法，对德鲁克的管理理论进行了深度解读和剖析	不仅是摘引和粗浅分析，还是作者多年深入研究的成果，非常可贵
	中西哲学的歧异与会通 张再林 著	本书以一种现代解释学的方法，对中国传统哲学内在本质尝试一种全新的和全方位的解读	发掘出掩埋在古老传统形式下的现代特质和活的生命，在此基础上揭示中西哲学"你中有我，我中有你"之旨
	治论：中国古代管理思想 张再林 著	本书主要从儒、法墨三家阐述中国古代管理思想	看人本主义的管理理论如何不留斧痕地克服似乎无法调解的存在于人类社会行为与社会组织中的种种两难和对立

续表

思想·文化	中国古代政治制度(修订版)上:皇帝制度与中央政府 刘文瑞 著	全面论证了古代皇帝制度的形成和演变的历程	有助于读者从政治制度角度了解中国国情的历史渊源
	中国古代政治制度(修订版)下:地方体制与官僚制度 刘文瑞 著	全面论证了古代地方政府的发展演变过程	有助于读者从政治制度角度了解中国国情的历史渊源
	通天彻地,九大法则:《尚书·洪范》讲记 史幼波 著	精析"洪范九畴"这一中华传统政治哲学的理论基础	寓渊深义理于通俗口语之中,使现代人也能一睹中华文化原典之精湛奥义
	中国思想文化十八讲(修订版)待出版 张茂泽 著	中国古代的宗教思想文化,如对祖先崇拜、儒家天命观、中国古代关于"神"的讨论等	宗教文化和人生信仰或信念紧密相联,在文化转型时期学习和研究中国宗教文化就有特别的现实意义
	众生相 仲昭川 著	《互联网黑洞》作者仲昭川的随笔集——纵横宇宙生命,无言参万相。透视各色脸谱,一语破天机	商场或情场的顺心法宝,修道或混世的开悟按钮
	每个中国人身上的春秋基因 史贤龙 著	春秋368年(公元前770-公元前403年),每一个中国人都可以在这段时期的历史中找到自己的祖先,看到真实发生的事件,同时也看到自己	长情商、识人心
	内功太极拳训练教程 王铁仁 编著	杨式(内功)太极拳(俗称老六路)的详细介绍及具体修炼方法,身心的一次升华	书中含有大量图解并有相关视频供读者同步学习
	中医治心脏病 马宝琳 著	引用众多真实案例,客观真实地讲述了中西医对于心脏病的认识及治疗方法	看完这本书,能为您节约10万元医药费
	史幼波心经讲记(上下册) 史幼波 著	句句精讲,句句透彻,佛法经典的多角度阐释	通俗易懂,将深刻的教理以浅显的语言讲出来
	史幼波大学讲记 史幼波 著	用儒释道的观点阐释大学的深刻思想	一本书读懂传统文化经典
	史幼波《周子通书》《太极图说》讲记 史幼波 著	把形而上的宇宙、天地,与形而下的社会、人生、经济、文化等融合在一起	将儒家的一整套学修系统融合起来